『シリーズ　住民主体の生活支援サービスマニュアル』のねらい・使い方

新地域支援構想会議

◆本シリーズのねらい

本シリーズは、地域の助け合いや「お互いさま」の関係を基盤として、住民が主体となって立ち上げ、運営する生活支援の取り組み（＝住民主体の生活支援サービス）を今後さらに地域に広げていくことを目的に、活動の考え方や成り立ちの背景、活動を立ち上げる際のポイント等をわかりやすくまとめたものです。

本シリーズで取り上げる取り組みのなかには、たとえば見守り支援活動や居場所・サロンづくりのように、「サービス」という言葉にはなじみにくいものもありますが、ここでは助け合いによる生活支援を目的としたこれらの取り組み全体を「住民主体の生活支援サービス」と総称しています。本シリーズでは、まず第1巻でさまざまな活動・サービスの共通基盤として、助け合いによる生活支援の意義や地域づくりの必要性、取り組みの基本的な考え方等を解説しており、第2巻〜第7巻では、活動・サービスの種類別に具体的な内容や活動の立ち上げや運営のポイントを解説しています。

第1巻　助け合いによる生活支援を広げるために　〜住民主体の地域づくり〜
第2巻　身近な地域での見守り支援活動
第3巻　居場所・サロンづくり
第4巻　訪問型サービス（住民参加型在宅福祉サービス）
第5巻　食事サービス
第6巻　移動・外出支援
第7巻　宅老所

◆本シリーズの使い方

本シリーズが想定している読み手は、住民主体の生活支援サービスに参加する人、これから新たに立ち上げようとする人、そしてその活動を応援しようとする人たちです。

地域の助け合いの取り組みに関心があり、参加してみたい、あるいは自分たちの地域で始めてみたいと考えている方は、まずは第1巻を読んでいただき、助け合いによる生活支援の意義や基本的な考え方をおさえるとよいでしょう。

また、第1巻は、これから助け合いの取り組みに興味をもってもらい、参加してもらうために、幅広い住民や関係者への啓発や学習にも活用いただけます。

すでにボランティア活動や地域の福祉活動の経験があり、これから始めたいと考えているサービスが具体的に決まっている場合には、第2〜7巻の活動・サービス種類別のマニュアルをご活用いただければと思います。

第5巻　食事サービス
目　次

3●

はじめに

　65 歳以上の高齢者の身体、知的機能や健康状態について分析したところ、「現在の高齢者は 10〜20 年前の高齢者に比べて、5〜10 歳は若返っている」という結果が出たそうです（日本老年学会　平成 27 (2015) 年 6 月 12 日）。超高齢社会の課題を解く鍵は高齢者自身のエンパワメントであり、高齢者が健康な状態を保ち、生活に介護が必要な状態になるのを遅らせることが重要だということがはっきりしてきました。

　毎日の食生活は健康に大きく影響しますが、特に高齢世代の栄養改善は介護予防のための第一の手だてといえます。食事サービスを使って健康を維持しながら、介護サービスを組み合わせて可能な限り自宅で暮らし続けるという暮らし方は一つのモデルになりました。超高齢社会において、食事サービスの重要性は言うまでもありません。

　食に関わる地域の取り組みは、サービスを利用する利用者だけでなく、それを担う地域住民にとっても大きな意味のある活動です。会食や配食、コミュニティカフェなどの地域の食支援活動は、特別な技術や知識がなくてもさまざまな参加の場面があり、若い人から高齢者まで多くの人が活躍しています。なかでも元気な高齢者の経験やノウハウを地域に還元できる取り組みとしても注目されています。

　本書は地域で取り組む食事サービスについて、必要とされる背景や成り立ち、各地の事例から、活動を立ち上げようとされる方々の助けとなるようまとめられました。少しでも皆さまの参考になれば幸いです。

一般社団法人　全国老人給食協会

I

食事サービスとは？

1　食事サービスって何？

1　食を中心とした支え合い活動

　本書でとりあげる食事サービスは、高齢や障害、病気といった事情により食生活に困っている人や、一人暮らしで人との交流の機会が少ない人が住み慣れた地域で在宅生活を続けられるように、地域住民が「食べること」を中心に支援を行う助け合い活動の一つです。

　加齢にともなう身体や生活の変化によって栄養状態が悪くなると、老化がますます加速して自立した生活が困難になりやすくなります。食はプライベートな性格が強いことから、「『食生活』は自己責任」「食は家庭の問題」といった認識をもつ人もありますが、特に高齢者は低栄養状態になると要介護に陥るリスクが増大してしまうことから、介護・福祉の観点からの食事支援の働きかけが重要になるのです。

　「食」は栄養補給だけでなく、おいしいものを食べる楽しみや人間関係・地域文化にも関わるとても多面的な営みです。こうした「食」の性質から、栄養の補給以外の多くの効果が期待できるのが食事サービスの特徴です。食事サービスの利用によって生活リズムを整えたり、定期的に人と会うことによる安心感を得ることができます。顔見知りの人との会話を楽しむなど、人とのつながりができます。配食や会食の機会を使って潜在的な福祉ニーズの把握や情報提供を行うこともできます。

　加えて、認知症高齢者やうつ病患者など、より専門的な見守りへのニーズも増大しています。福祉行政等の働きかけを拒否する人でも、食事の受け取りのためならばドアを開けてくれることも多く、食事サービスによって安否確認や生活の困りごとを把握し、必要に応じて地域包括支援センターやほかの福祉サービスにつなげることができます。

　近年、民間事業者によるシニア層をマーケットにした食事の宅配やケータリング業が広がり、福祉的な食支援を目的とした食事サービスとの境目がわかりにくくなってきたともいわれています。しかし食事サービスは多面性のある「食」を媒体とした在宅福祉サービスであり、市場サービスとは本質的な違いがあることを理解

しておく必要があります。

2　食事サービスは福祉の入り口

　食事サービスは、食事がもつさまざまな側面から「福祉サービスの入り口」に例えられています。誰もが毎日する食事は最も基本的で、利用する際のハードルが低い福祉サービスという意味です。

　地域の「会食会」に誘われたら出かけてみようかなと思う人も多いでしょう。外出や人との交流の機会が少なく、このままでは閉じこもりになってしまうと心配される人には、食事をしながら交流ができる食事会は効果があります。

　また、介護サービスや福祉のサービスの導入が必要な状況でも、情報の少なさや「他人の世話になる」気後れから働きかけを拒む人がいます。そういう人でも食べることなら「週に一度の弁当なら便利だから試してみようか」という気になりやすいものです。

　定期的に食事を届けることにより、それまでわかりにくかった利用者の状況がわかることがあります。足の運び・服装・家の中の様子に見過ごせない心配があったり、お金のやりとりができない、同じ話の繰り返しがあるなど、身の回りのことが自分でできにくくなっていると判断できるときには、地域包括支援センターや介護サービスにつなぐことができるのです。

■食事サービスのニーズはどんなことから生まれるか

　・身体的な理由で買い物や調理ができない

　・調理の仕方がわからない

　・経済的な理由や近隣に店がないなどで十分な食べ物が購入できない

　・調理する気・食べる気にならない（意欲がない）

　・嚥下障害や口腔の問題があって一般の食事が食べられない

　平成25（2013）年の調査では、全高齢者の3割、配食利用者と二次予防事業参加者（要介護状態になるおそれのある高齢者）の7割が「低栄養」か「低栄養のおそれあり」の状態で、食支援による栄養改善の介入が必要という結果が出ています（図表1）。

　食事サービスの提供の際は、介護予防のための栄養改善に十分留意した食事が供されることが必要です。また高齢者自身が、要介護に進行しない・介護度を上げないための食生活が実践できるよう情報を提供することも重要なポイントです。

図表1 ● 在宅高齢者の栄養状態

（出典）独立行政法人 国立健康・栄養研究所「地域高齢者の食生活支援
の質及び体制に関する調査研究事業」平成25（2013）年3月

> ・18.5 kg/m^2 未満のやせの者が配食利用者で21.5%、この6か月
> 　で2～3 kg以上の体重減少のあった者は全体で15.9%
> ・食事量が強度または中程度に減少した者が24.9%、食事療法が
> 　必要な者も31.0%
> ※低栄養予防や栄養改善等の介入が必要と思われる者がどの指標
> から見ても3割程度みられ、食支援において低栄養予防や栄養改
> 善の機能の必要性も認められた。

栄養評価（MSA−SF）の結果				
	低栄養	低栄養の おそれあり	低栄養、お それあり計	栄養状態 良好	計
男性（人）	126	135	261	108	369
	34.1%	36.6%	70.7%	29.3%	100%
女性（人）	230	200	430	152	582
	39.5%	34.4%	73.9%	26.1%	100%
計	356	335	691	260	951
	37.4%	35.2%	72.7%	27.3%	100%

※7県140事業者からアンケート調査実施よりデータを参照。対象者は配食利用者
　2,018人、二次予防事業参加者1,298人

老人給食協会ふきのとう

2　地域住民によるサービス提供のしくみ

　食事サービスは、食生活に困っていたり、人との交流の機会が少ない高齢者や障害者が、住み慣れた地域で在宅生活を続けられるように、地域住民が「食べること」を中心に支援を行う助け合い活動です。

　1970年代のノーマライゼーションの高まりとともに住民活動や社会福祉協議会、福祉施設で取り組みが始まり、非営利の活動が立ち上がりました。現在は任意団体やNPO法人、社会福祉協議会や社会福祉法人などによって各地で取り組まれています。行政からの助成や補助、委託などのかかわりをもって運営されているもの、すべて自主運営のものなどさまざまですが、その多くが地域住民が参加してサービス提供を行う地域福祉活動として、社会福祉協議会やボランティアセンターと連携しています。

　食事サービスは長い間、食事作りに困っている人や不安がある人をサポートしたいという思いをもつ地域住民のパワーを生かして成り立ってきました。毎日誰でもしている食事ですが、その提供には、「**材料調達→下ごしらえ→調理→配膳→会食（配食）→後片付け**」等の手順があって、調理技術がない人でも、小学生から高齢者までそのどこかに楽しく参加できるという大きな特徴があります。そこに地域住民の参加を得て、食事サービスが発展してきた要因があるともいえます。

　地域で行われる食事サービスは、一般的な市場サービスのように「サービス提供者」と「利用者」との関係が固定的ではないのが特徴です。たとえば会食会では利用者だけでなく担い手も参加者の一員として会食を楽しみます。利用者も箸を並べたりお茶を入れたり、自分ができることで担い手の立場になることができます。担い手だった人が高齢になって利用者になることもあるなど、活動を通じ地域で長い付き合いの人間関係ができるのもこの活動のメリットです。

3　「会食サービス」と「配食サービス」のねらい

　食事サービスは、集会所などの施設に集まっていっしょに食べる「会食サービス」と、利用者の家まで食事を届ける「配食サービス」の二つに大分することができます（図表2）。

　そのほかに、食事に加えて介護予防のためのプログラムを提供するミニデイサービスやサロン、調理の技術のない高齢男性などを対象とした料理教室、気が向いたときに居場所として利用できる「コミュニティレストラン」の取り組みも増えています。

図表 2 ● 食事サービスの目的と形態　　　　　　　　　（出典）全国老人給食協力会

地域社会との交流を促す会食形式の「会食サービス」と食事の配達を通じて在宅生活を支える「配食サービス」の二つの形態がある。

会食サービス	配食サービス
・集まっていっしょに食事と会話を楽しむスタイルで、食を通じてコミュニケーションの場をつくることが目的。 ・自由に出入りできるコミュニティレストランやカフェの形式もある。	・食事を利用者の自宅まで配達するサービスで、家事の負担軽減や栄養バランスの改善が目的。 ・訪問を通じた会話や安否の確認も重要な目的。

1　会食サービス

　交流機会の確保と介護予防を促すために、主に一人暮らしや家に閉じこもりがちな高齢者等に対して食事を提供するサービスです（図表3）。定期的な外出機会になることから、身なりの整容、生活リズムができるなどの利点もあります。この活動が目標とするのは食事を通したコミュニケーションの場づくりですから、提供する側は仲間づくりや情報提供などを工夫します。年に1回の敬老会などの会食は会食サービスとは呼びません。

図表3 ● 会食サービスの1日

(出典)「地域で始めよう　食事サービス活動ハンドブック」全国老人給食協力会

　月に1、2回とか週に1、2回など定期的に、生活リズムができる程度の頻度が必要だと考えます。

◆開催場所について

　集会所や公民館のような公共施設のほか、高齢者施設等のサロンスペース、コミュニティカフェ、自宅開放などさまざまな場所で行われています。自分で通うことができるのが理想ですが、送迎付きで実施している例もあります。

◆食事の準備について

　担い手が調理場に集まって調理する、みんなで調理していっしょに食べる、仕出しなどの弁当を利用する、配食サービスや福祉施設との提携など、いくつかの方法がとられています。担い手の過度な負担とならず、参加者に喜んでもらえる食事が工夫されています。

◆食事以外の活動メニュー例

・いっしょに楽しみ交流を促す

　　合唱、手工芸、習字、描画、地史、演奏鑑賞、朗読鑑賞　など

・健康維持

　　介護予防体操、血圧測定、体力測定、食品群摂取チェック、足湯　など

・情報提供

　　福祉サービス、防犯、防火、防災、栄養と食材、料理、衛生、終活　など

（地域包括支援センター、警察、消防、保健所、高齢者施設、学校、図書館等地域機関との連携）

2　配食サービス

　虚弱で日常の食生活に困難を抱えている高齢者等を対象に、食事を自宅まで配達するサービスです（図表4）。おおむね週4日以上の配食は、生活支援型配食サービスと呼ぶこともあります。主な目的は、栄養バランスのとれた食事の提供と安否の確認です。

　1日に1食でも、きちんとした食事が届くことは安心感につながります。一人暮らしの高齢者にとって「もし部屋の中で倒れていても見つけてもらえる」という安心感は価値のあるものです。そのため食事の受け渡しは極力手渡しで行います。留守の場合は持ち帰り、在宅を確認してから再度配達します。万が一の緊急時には、

図表4 ● 配食サービスの1日

（出典）「地域で始めよう　食事サービス活動ハンドブック」全国老人給食協力会

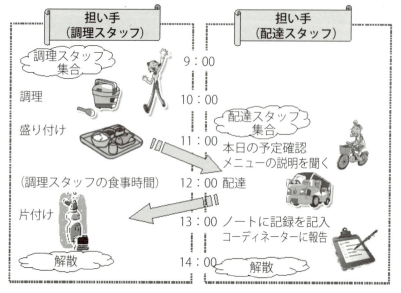

あらかじめ聞いておいた家族やケアマネジャー、病院や訪問看護ステーション、地域包括支援センターなどの関係機関と連携することが求められます。

◆ 食事の内容

　一人暮らしの食生活では同じような食材・献立になりがちですから、食事サービスは、利用者の健康状態に応じて多様な食材を使った栄養バランスのとれた食事を提供します。栄養面だけでなく、食を楽しめるように、美しく季節感のある食事が工夫されています。

◆ 配食形態

　徒歩や自転車のほか、遠くまで配達する場合は車を用います。配達する人の負荷や食事の衛生面に配慮して、配達方法、献立、容器などを選んでいます。

3　その他の食に関する支援・サービス

・ホームヘルプサービス

　介護保険の訪問介護サービスの生活援助や NPO 等による保険外のホームヘルプ（家事援助）サービス、民間の自費サービスで、調理や食材料の買い物を頼むことができます。利用者一人にマンツーマンで関わるため経費がかかり、家にある食材だけで調理する場合は、栄養的に十分なものができないこともあります。

・デイサービス

　介護保険サービスである通所介護（老人デイサービス）では、昼食が提供されるほか、夕食用の弁当を持ち帰ることができる事業所もあります。また介護保険適用外のミニデイサービス（「支え合いミニデイ」、「いきがいデイ」などと呼ばれる）で昼食サービスが提供されることもあります。

・高齢者向けの料理教室

　身体的には自立していても調理技術や食の知識がないという人などを対象に、介護予防の観点から元気なうちに調理の技術と知識を身につけてもらおうと、各地で高齢者や男性を対象にした料理教室が実施されています。調理実習と会食をセットにして取り組まれています。

4　コミュニティ（地域住民）による　食事サービスの効果

1　食事サービスが必要とされる社会的背景（図表5）

◆後期高齢者の増加

　65歳以上の高齢者数は、2025（平成37）年には3,658万人、2042年がピーク（3,878万人）といわれています。また、75歳以上高齢者の割合も増加し、2055年には25％を超える見込みです。

◆認知症の高齢者の増加

　高齢化にともなって認知症の人が増加し2025年には高齢者の20％の700万人が認知症になる見込みです。

◆単身高齢者世帯、夫婦のみ世帯の増加による家族機能の低下

　介護者の高齢化で老老介護が一層すすみ、これまで家庭内で担われてきた家事や見守りの機能が大きく低下します。

図表5 ● 高齢者を取り巻く状況　（出典）全国老人給食協力会

・後期高齢者（75歳以上）が増える
　　2055年には25パーセントを超える見込み
・認知症の高齢者が増える
　　予備軍を合わせると全高齢者の1/4に関係
・単身高齢者世帯、夫婦のみ世帯が増える
　　1世帯あたり平均　1.9名
・低栄養対策が必要

見守り・昼間過ごす居場所・食事のニーズの増大

◆都市部と地方の状況について

　高齢者人口は、都市部では急速に増加し、地方でも緩やかに増加します。各地域の高齢化の状況は異なるため、各地域の特性に応じた対応が必要です。高齢者の在宅を支えるには、介護サービスだけでは不十分です。地域での見守り、居場所（会食やカフェ）、配食サービス、移動サービスなど地域ニーズに応じて市民が担う生活支援の領域をひろげる必要があります。

2　地域のきずなを深める食事サービス

　食事サービスの効果を地域社会や提供側から考えてみましょう。

　食事サービスは、地域での「お互いさま」という支え合いの気持ちを基盤に、食の支援を必要とする利用者と、地域のために活動したい担い手を結びつける仕組みです。担い手として活動に参加すると同じ地域に住んでいてもこれまで出会うことのなかった人との交流が始まります。

　これは担い手自身にとっても新しい世界を広げるチャンスでもあります。活動している方からは、「高齢者や障害者の問題を身近なこととして感じられる」、「地域の意外な面白さに気づいた」、「人生の先輩である高齢者とふれあうことで、人生経験を学べた」といった声が聞かれます。

　このような「地域内での出会い」が積み重なることで地域のきずなが強まり、みんなが暮らしやすい地域が醸成されていきます。それが見守りや防災など地域全体として取り組むべき活動の基盤づくりにもつながっていきます。

3　コミュニティによる食事サービスの意義

　食事そのものの提供に関しては、近年、民間事業者による食事や食材の宅配（スーパーによる配達サービスを含む）がすすんでいます。しかし、近隣の地域住民が参加する会食や配食は、食事の提供を通じた見守りや「社会的なつながりの維持・回復」に大きな役割を果たすものであり、助け合い活動の食事サービスを生かしていくことが重要であると考えます。

　また食事サービスは、調理や配達・回数、献立の作成など、住民・市民が自分の経験やスキルに合わせてさまざまなかかわり方ができる活動でもあります。なかでも元気な高齢者の参加は、担い手自身の老化予防や介護予防としても効果的です。

たとえば小規模の会食会は一人ひとりにかかる負担も小さく、ボランティアとしても気軽であり、こうした活動への支援は地域の助け合い活動全体の活性化をすすめるうえでも効果的です（図表6）。

図表6 ● コミュニティによる食事サービスの意義 （出典）全国老人給食協力会

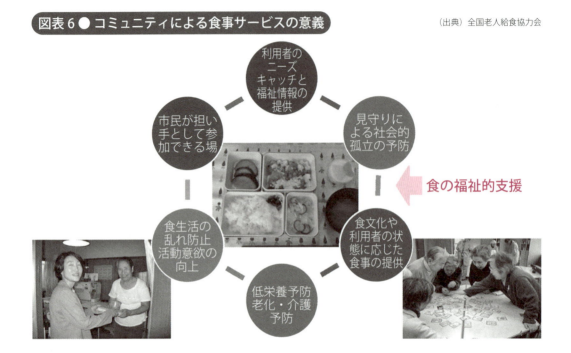

■利用者にとって…
　・「バランスのとれた食事が食べられる」栄養改善
　・「一人暮らしの生活を誰かが気にかけてくれる」くらしの安心感

■担い手にとって…
　・地域に必要なサービスを自らつくる
　・なかまづくりと参加の場
　・老化予防、介護予防

■地域社会にとって…
　・助け合いができる地域の形成
　・「見守り力」「地域防災力」の向上

5　食事サービスがたどってきた道のり

1　制度とサービスの変遷

　日本における食事サービスの歴史は、1970 年代にさかのぼることができます。昭和 47（1972）年、神奈川県の横須賀基督教社会館等で住民による食事サービスが開始され、次いで東京や大阪の老人ホームで実験的な取り組みが始まります。これに前後して、ボランティアグループによる取り組みも始まり、活動は徐々に全国に広がりました。

　昭和 56（1981）年には、当時の厚生省が国庫補助事業にデイサービス事業の訪問サービスとして配食サービスを追加し、平成 4（1992）年には「在宅高齢者等日常生活支援事業」のメニューの一つとして配食サービスを位置づけました。平成 14（2002）年には食の自立支援事業として「食のアセスメント」が実施されるようになり、公的サービスとしての枠組みが整いました。

　一人暮らし高齢者等の食生活の困難さの気づきから始まったボランティアや NPO による食事支援のサービス活動も拡大していきますが、この活動の中心となったのは町会・自治会・生協活動・公民館活動・PTA 活動などを母体とした女性たちの地域ネットワークでした。

　平成 27（2015）年の介護保険の制度改正により、要支援者のサービスの一部が介護保険から市町村事業に移行され「新しい介護予防・日常生活支援総合事業」（新しい総合事業）が始まりました。総合事業の「その他サービス」に NPO 等が行う「栄養改善を目的とする配食」、「一人暮らし高齢者の見守りを兼ねる配食」が例として挙げられています。

配食サービスの制度的位置づけ（2016年3月現在）

・地域支援事業の任意事業として実施

・新しい介護予防・日常生活支援総合事業の生活支援サービスとして実施

・高齢者一般施策による実施

・市町村としては実施しない（社会福祉法人が独自に行う等）

<h3>2　ボランティアによるサービスの事例（始めたきっかけ）</h3>

～食事事情の厳しさへの気づき
NPO法人　あかねグループ（宮城県仙台市）

　食事サービスに取り組み始めた原点は、家事援助活動で出会った光景です。80歳代の一人暮らしの方のお宅に伺ったとき、その人がもやしを残しておいて、何回かに分けて食べている姿を見たのです。それをきっかけに、食事の支えが必要なことに気づき、「芋の煮っころがし、ほうれん草の胡麻和えを食べてもらいたい」、「私たちで作って届けよう」と考え、配食サービス発足のきっかけとなったのです。

老人給食協会ふきのとう

6　実際の取り組み

先輩団体の経験を参考にしよう

　食事サービスのイメージが少し見えてきたでしょうか？　本マニュアルでは、全国各地で食事サービスを提供している先輩団体の事例を交えながら、立ち上げや継続のコツを紹介していきます。実際にサービスを提供するうえで、先輩方の「知恵」は大変参考になるでしょう。

　事例として紹介する先輩団体の取り組みの概要をおさえ、それぞれの工夫を知ると、より理解が深まります。

■事例1　NPO法人 支え合う会みのり（東京都稲城市）

＜団体概要＞

・配食サービス（月〜金曜日の夕食、自主事業（1日平均食数100食、1食620円））、会食会（9会場で月11回、参加費300円）、ミニデイサービス「たまりば」（月約13回、参加費300円）、稲城市委託事業（高齢者食生活改善事業）、介護予防、日常生活支援総合事業（通所介護かがやき倶楽部みのり）、地域の居場所「カフェいしださんち」

・正会員147人（無償107人、有償40人）

NPO法人 支え合う会みのり

＜活動のいきさつ＞

・公民館で老後問題などについて約 10 年間学習。在宅で暮らし続けるには「食事がいちばん重要」と気づき、昭和 58（1983）年「稲城の老後を支える会」を発足、昭和 59（1984）年に会食会サービスを開始した。

＜拠点・備品などハード面の整備＞

・拠点の整備では苦労している。初代の代表が所有していた民間アパートを改造し、厨房、事務所、「たまりば」として借りている。しかし、区画整理事業の対象地域にあり、100 食以上の調理が可能かつ事務所機能を満たす移転先を探し続けている。

・大きな備品は助成金を申請して整備している（配達車、業務用冷凍冷蔵庫、印刷機、スチームコンベクション、エアコン等）。

＜ボランティア募集の方法・工夫＞

・会報誌、ブログ、チラシを通じ常にボランティアの募集を行っている。口コミがいちばん多く確実である。

・新会員を対象に研修を実施し、会の設立の経緯と理念、事業内容、運営方針、NPO の基礎知識などの講義の後、グループワークを行い、会全体の理解と日頃の疑問の解消につなげている。

・消防署の協力で、スタッフ向けの上級救命救急講習会を毎年実施している。

＜レシピ・献立の工夫＞

・季節に合わせ、10 の食品群を満たす献立にしている。個別対応（減塩、カロリー制限、お粥、アレルギーなど）を行う。

＜安否確認や緊急時の対応＞

・地震対応マニュアルを作成し、リーダーミーティングで徹底確認している。会食会でボランティア、参加者にも説明を行う。

・認知症の方が増えており、一人ひとりの状況が違っているので、知識の取得と対応を学ぶ機会に積極的に参加している。

＜自治体との関係＞

・毎月発行の会報誌を市の各部署に持参し、コミュニケーションを図っている。総会に市長や担当課長を来賓として招待するほか、活動見学に来ていただくことで理解を深めている。

＜他団体との連携＞

・福祉系の NPO と連携を密にし、互いに利用者の紹介や緊急時の対応に役立てている。

■事例2　NPO 法人 いきいき会（大阪府高槻市）
＜団体概要＞

・配食サービス（自主事業：月～金曜日の昼食、1 日平均食数 50 食、1 食 720 円　委託事業：月～金曜日の夕食、1 日平均 110 食、1 食 870 円（内　委託金 360 円））、会食会（月 1 回昼食、15～20 人参加、1 食 600 円）
・会員 33 人、有償スタッフ 28 人（内　専従 4 人）　シフト制で週に 2～3 回従事。

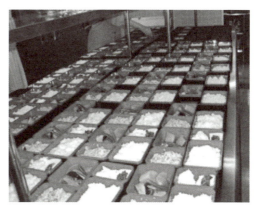

NPO 法人 いきいき会

＜活動のいきさつ＞

・生協の福祉活動のなかで高齢社会における食の重要性を感じるようになった。この指とまれ方式で私募債を募り、平成 2（1990）年から配食サービスを始めた。

＜拠点・備品などハード面の整備＞

・ほかの NPO、福祉団体と共同の施設を建設。1 階と 2 階をそれぞれが住み分けて活動する。
・配達車・厨房の機器、弁当箱等の買い替えが 3 年周期で発生するので資金調達に

苦労している。ガソリン代の高騰による経費の負担増が課題となっている。

＜ボランティア募集の方法・工夫＞
・大量調理の技術を習得するまでに3年程度の期間を要するため、人材育成に充てる資金不足が課題である。

＜レシピ・献立の工夫＞
・担当者2人で1週間分の献立をたて、栄養士にチェックを依頼。和・洋・中華を取り混ぜて変化に富んだ内容にしている。エネルギーとたんぱく質量を重視し、野菜を多く使う献立を心がけている。

＜安否確認＞
・食事のお届けは手渡しを原則とする。留守のときはあらゆる手だてを尽くして利用者の所在の確認を行うが、確認できないときは行政に連絡する。

＜自治体との関係＞
・高槻市においては、行政と協働の概念が確立していて、関係は極めて良好。定例で事業者と行政との連絡会が開かれている。また、必要に応じて臨機応変に事業者との話し合いももたれる。

＜他団体との連携＞
・市内の配食サービス団体と連携を深め、メニューの情報交換や課題の共有を図っている。

NPO法人　いきいき会

■事例3　NPO法人　あかねグループ（宮城県仙台市）

<団体概要>

・配食サービス（日曜夜を除く昼夜13回、1日平均190〜210食、委託事業：1食800円（委託費300円）、自主事業：1食720円）、ふれあい会食会、ふれあいサロン、ミニデイサービス、訪問介護事業、居宅介護支援事業、ファミリーサポート（ホームヘルプ、託児、庭木の手入れ）

・会員（スタッフ）91人、配達カーボランティア25人

地域に活動をアピール！「あかねまつり」
NPO法人　あかねグループ

<活動のいきさつ>

・主婦たちのなかに、一人の女性としていきいきと社会活動していきたいという思いがあった。

・クッキングサロンを母体に、昭和57（1982）年に10人で発足。手仕事、託児等生活支援サービスを始め、その活動のなかで食の重要性に気づき、昭和59（1984）年から配食サービスを始め、拡大してきた。

<ボランティア募集の方法・工夫>

・会員・一般向けセミナーとして、第一部で傾聴に関わる講義と自分にできそうなボランティアを見つけるためのゲーム体験をし、第二部はお弁当の試食やミニデイサービスのプログラム体験を実施した。

・「ボランティアにできること」を共に探ろうと、社会福祉協議会、地域包括支援センターを招き、元気な高齢者等も参加しながら支援サービスをつくり出すための講習会を開催した。

＜他団体との連携＞

・仙台市周辺で活動する7団体が集う「食事サービスネットワークみやぎ」のメンバーとして、フォーラムを開催。仙台市、市社協等を招き、高齢になっても自宅で安心して暮らすための食事サービス推進の取り組みについて共有した。

＜災害時の対応＞

・平成23（2011）年の東日本大震災発生直後からガスが復旧するまでの間、一斗缶やカセットコンロ等で米を炊き、おにぎりと簡単なおかずを300円で利用者へ手渡しすることを続けた。ガソリン不足のためすべて徒歩や自転車で配達した。また豚汁を作り、地域の方や道行く人に提供した。

・震災から学んだこと

① 災害時にいちばん大切なことは、まず身の安全の確保、次に「食」の確保である。安否確認で心と心のつながりを実感した。

② 支援は身近なところから、身の丈に合った活動をする。これにより、知恵と心で無から形ができた。

③ 日頃から横につながるネットワークを構築しておくことで、いざというときに力強い存在になる。SOSや情報はこまめに提供する。

④ メンバーの自主性を尊重することで、すばらしいアイデアが生まれ、活動の強化につながる。

■事例4　NPO法人　フェリスモンテ（大阪府大阪市）

＜団体概要＞

高齢者：配食サービス（大阪市委託事業：月〜土曜日の昼食と夕食1日平均食数200食）。

グループハウス、移動サービス、訪問介護事業、通所介護事業、居宅介護支援事業

地域交流：コミュニティ喫茶「花しょうぶ」、サークル・教室活動

子育て：小中高生の夕食会

障害者：基準該当生活介護（地域共生型）

会員：法人会員約100人、ボランティア約20人、有償スタッフ約70人

＜食を通じた多世代の居場所〜コミュニティ喫茶「花しょうぶ」概要＞

・自主事業で平成19（2007）年より開始した。

（月～土曜日）11：00～15：00

　　昼食 450 円、飲物 200 円、セット 600 円　約 15 席

（土曜日）17：00～21：00 居酒屋

　　飲物、食事、1 品 200～400 円程度。当法人が実施する配食サービスの弁当を

　　活用。弁当が休みの日は、手作りうどん、カレー、おでんなどを提供している。

担い手…ボランティア約 5 人（1～2 人／日）、コーディネーター 1 人（パート／

兼務）

コミュニティ喫茶「花しょうぶ」
NPO 法人　フェリスモンテ

＜拠点・備品などハード面の整備＞

・財団より助成金を受け、改装費約 100 万円で整備した。

・建築関係の学生等約 20 人のボランティア、元大工等の NPO、建築士のプロボ
ノ（注）などが協力した。

＜担い手・来客層の変化＞

・開設当初は学生、その後は法人が実施しているホームヘルプ事業のヘルパーが
パートとして関わってきた。現在は障害があったり、働きづらさを感じているメ
ンバーが有償のボランティアとして活動を担っている。

・担い手に近い層が来客する傾向がある。時間を重ねることで、それらの層が重な
り、融合していくのが地域の居場所の魅力となっている。

・平成 27（2015）年から子どもの不登校や貧困の問題に対して、コミュニティ喫
茶の場を活用し、週に 1 回、小中高生の夕食会を行っている。

（注）　プロボノ……社会人が自分の専門知識や技術・技能を生かして参加する社会貢献活動、あ
　　　るいはその活動を行う者のこと

＜安否確認＞

・常連の方が来られないと、他の常連の方が口々に心配し、電話や訪問等で安否確認を行う。状況に応じて食事を届けるほか、家族や他の支援機関につないでいる。

＜自治体への要望＞

・地域の NPO 等による立ち上げの際の費用の助成や、自主事業として安定継続できるまでの後方支援があれば、同じ期間、同じ予算で、数多くの魅力的な地域の居場所をつくることが可能となる。

＜他団体との連携＞

・小学校区内の一団体として、地域の会議や行事に参加するほか、民生委員と見守りの必要な方について情報交換を行う。
・近隣の障害者支援団体等とも連携し、制度にとらわれない見守りや支援、相談を実施している。

＜地域プロジェクトへの参加協力＞

・「生野区で空き地・空き家の活用をすすめる食と農のプロジェクト」が平成 26（2014）年に発足した。障害者支援、子育て支援、高齢者支援、ホームレス支援等さまざまな活動を行う団体や個人が参加し、「食」と「農」をテーマに地域の居場所や畑を開設、運営している。

II

サービスを立ち上げるために

1　サービスの立ち上げ

1　サービス立ち上げのながれ

　食事サービスを始めたい！と思ったら、やるべきことをサービス開始までの過程に沿って考えてみましょう（図表7）。サービスを始める地域の資源を調べ、地域ニーズが把握できると、やろうとすることの形が見えてきます。事業の大きな骨格が決まったら、組織体制づくり、施設や設備の調達、財政計画と具体的に準備をすすめます。利用者募集や献立調理・配達など運営面の整備を経てサービスがスタートします。

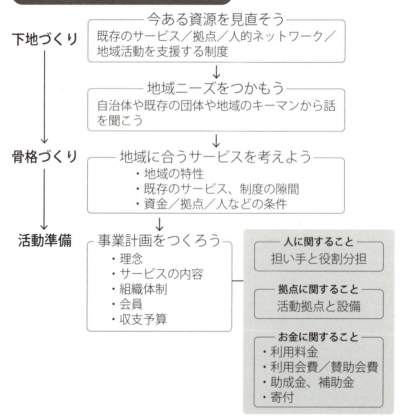

図表7 ● サービス開始までのながれ

2　今ある資源を見直そう

　活動のフィールドとなる地域はどんな地域でしょうか？　地域包括支援セン
ター、高齢者や障害者のための施設とサービス、公民館や学校・保育園、町会・自
治会やボランティアグループの活動、商店街、空き家や空き店舗など地域にはさま
ざまな資源があります。関係のありそうな活動にはぜひ実際に足を運び、取り組み
の様子を教えてもらいましょう。地域が重なるということは利用者や担い手も重な
るということです。連携して協力体制がつくれるよう、人的ネットワークづくりを
兼ねて、今地域にある資源を見直してみましょう。

　PTA や公民館活動の仲間、町会・自治会のつながり、生協活動、施設のボランティ
アグループなど既存の活動・組織や人のつながりは活動立ち上げの核になることが
できます。さらに、厨房のある高齢者施設や手作りの仕出し弁当を作るグループと
の協働、デイサービスやホームヘルプサービスなどの在宅福祉サービスとの複合化
もあり得ます。

　地域住民の活動に物品や資金を支援する制度はあるでしょうか？　自治体によっ
ては住民組織が行う地域福祉活動を支援する制度があり、条件が合えば食材料費や
会場借り上げ費用の補助が受けられることがあります。

　　<既存の地域資源との連携の例>
　　① 老人ホームのスペースを借りて会食会
　　② 高齢者施設や仕出しをしている生協や農協のワーカーズ等から弁当を仕入
　　　れる
　　③ 食生活改善グループとの協働
　　④ 統廃合で使わなくなった学校の厨房を借りる
　　⑤ 町会・自治会の見守り活動との協働
　　　　　　　　　　　　　　　　　　　など

3　地域ニーズをつかもう　〜ニーズの調べ方

　行政や社会福祉協議会の窓口で把握されていたり、民生委員・児童委員や町会・
自治会等の地縁型組織、支え合い活動のボランティアグループや NPO が把握して
いる困りごとを調べてみましょう。地域包括支援センターや居宅介護支援事業所
（ケアマネジャー）にも聞いてみましょう。特に行政は統計等のデータを作成してい

ることも多いため、必要とされているサービスを定量的に優先順位をつけ把握することができます。

　一方、まだ行政等が把握していない見えにくいニーズに地域の人間関係やほかのサービスを提供している団体が気づくことがあります。事情があり必要なサービスが入っていないとか、高齢者が出かけていくところがないなど、制度の隙間に落ちているニーズもあります。関係機関や地域の人々の声を聞くことが、提供するサービスの質に大きく関係してきます。

● **食事サービスへの要望（例）**

　○ 食べ続けられる飽きない食事

　　……安全でおいしい家庭料理、豊富な食材、栄養バランス、続けられる値段

　○ 介護食として

　　……お粥、刻み食、ペースト食、低カロリー食、減塩食など

　○ 介護サービスとの連携

　　……ヘルパーがいる時間に届けてほしい、デイサービスから食事を持ちかえりたい

　○ ＋αのサービス

　　……ベッドサイドまで運んでほしい、テーブルセッティングしてほしい、服薬の声かけをしてほしい、食べ始めるのを確認してほしい、温めてほしい

　　……認知症高齢者等への個別の見守り、地域包括支援センターや家族への状況報告など

4　地域に合うサービスを考えよう

　地域の状況により必要なサービスは変わってきます。公的な食事サービスの有無、民間サービスの有無をはじめ、既存サービスの利用基準や提供回数、時間、曜日を把握して、たりないサービスは何かを考えましょう。さらに、買い物困難地域など食品の確保が難しい地域では買い物支援が望まれることもあります。

● **さまざまな地域の状況（例）**

　○ 高齢化率、独居高齢者の割合

○ 高齢者の交通の手段がない／ある

○ 住宅が密集している／住宅が点在している／団地

○ 徒歩で行ける食料品の店がない／商店街がある

○ 高齢者が集まる場所がない／ある

○ 階段や坂道が多い

○ 公的サービスの利用条件が厳しく必要な人が利用できない

○ 公的サービスの頻度ではたりない

　協力する仲間や活用できる拠点・資金などの資源を前提として、どんなサービスが実現可能かを検討しましょう。一方、食事サービスは一定以上の規模でないと採算をとるのが難しい事業です。介護保険事業等のほかの在宅福祉サービスとの組み合わせや、行政からの補助や助成も重要な検討事項です。

● **事業の骨格づくりのための検討事項**
【**サービスの内容について**】

○ 食事サービスの形態（会食／配食）

○ 利用対象者

○ 配達地域

○ 実施曜日、時間帯

○ 提供食数（1 回あたり／年間あたり）

○ 利用料金（収納方法・キャンセルのルール）

【**提供体制について**】

○ サービス提供拠点・事務所の確保

○ 調理・配達・事務局の担い手

○ 団体規約やサービス規約

○ 会員や会費（利用会員・担い手・賛助会費）

○ 自治体との関係

5　事業計画をつくろう

　地域の資源とニーズを調べ、どんなサービスをするのか大まかな骨格が決まってきたら、具体的な事業計画をつくりましょう。何をどんなふうに、誰が提供するの

図表8 ● 事業計画に含まれる主な項目と内容

項目	内容
① 理念	・何のために、どのような地域をめざして、どのような活動をするのかを簡潔に表現したもの
② 計画期間と目標	・当面、いつまでにどのような状態になることをめざすのかを具体的に記述したもの（計画期間は、単年度や中期（3〜5年程度）など）
③ サービスの内容と提供の仕組み	・サービスの内容と提供の仕組み　［献立や料金等サービス内容と調理・配達、利用料の回収等提供方法、行政等の関連機関との連携］
④ 組織と事務局の体制	・サービスを提供するための組織と事務局の役割分担と体制図
⑤ 利用会員・協力会員	・会員数［計画期間に、どのくらいの利用会員数・協力会員数を得るのかの見込み］ ・広報　［利用者や会員を増やし信頼関係を構築するために準備する広報ツール、回数、内容］ ・研修　［提供するサービスの質を高めるためにどのような研修を行うか、その予定と内容］
⑥ 収支の見通し	・活動開始までの施設整備から、計画期間の毎年の収支計算書（見通し）と当初運転資金の確保等
⑦ 計画の見直し方	・計画を見直す時期、見直しの方法、見直すために必要な情報などをまとめたもの

か？　収支の見通しは？　大まかなイメージから実現可能な具体的な計画を立てていきます（図表8）。

　団体規約（定款・会則）やサービス規約（サービス手引き）の作成も行います。

● **地域活動団体の規約の内容（例）**

　① 団体の名称

　② 所在地

　③ 目的（理念）

　④ 組織

　⑤ 会員

　⑥ 会計

　⑦ 総会

● **サービス規約の内容（例）**

① サービスの名称

② 目的

③ サービスの内容

④ 利用料金と支払方法

⑤ 利用のルール

⑥ 入会と退会のルール　など

6　担い手と役割分担

　食事サービスを実施するためにはどのような組織と担い手が必要なのでしょうか。食事サービスには「調理・配達などの直接サービス提供に関わる部門」（サービス部門・活動スタッフ）と「スタッフの管理、利用者のサービス受付等間接的にサービス提供を支援する部門」（管理部門・事務局）の大きく分けて二つの部門があり、質の高いサービス提供のためにはこの二つがバランスよく機能しなければなりません（図表9）。

　なお、サービス部門と管理部門の仕事は最初から明確に切り分けされているものではありません。立ち上げ当初は人数も少ないことが多いですから、全員が調理もすれば配達もする、機関紙も書くといった状況で活動をやりくりすることになります。サービスが継続し、担い手の人数が増えるに従い、組織として円滑に活動するために役割分担が行われるようになっていきます。

■管理部門・事務局の機能と役割

　管理部門には、事務担当者、会計担当者、コーディネーターなどの役割があります。サービスの計画と報告、利用者や支援者の募集、会員管理、会計管理などがき

図表9 ● 事業に必要な役割

担い手	
サービス部門（活動スタッフ）	管理部門（事務局）
□調理スタッフ □配達スタッフ □会食会スタッフ	□事務 □会計 □コーディネーター

図表 10 ● 事務局の仕事と求められる力

役割	仕事	求められる力
代表	・団体内部のリーダー ・外部との折衝	・強い「想い」 ・マネジメント力や責任感等の経営力
事務担当者	・電話の応対 ・日常活動の帳票、備品の管理、記録 ・機関紙や通信の発行 ・会員（ボランティア、利用者、賛助会員）管理 ・リスクマネジメント（緊急対応、保険加入など）	・利用者、活動スタッフ双方の視点をもった気づかい ・事業の段階や会員の活動に応じた柔軟な対応力
会計担当者	・収支の管理 ・会費、賛助会費の管理	・活動基盤を管理するための細心の注意力 ・帳票類の作成能力
コーディネーター	・利用者の募集や、利用者に対するアセスメント ・活動スタッフのシフトマネジメント ・ボランティア募集、管理等	・人当たりのよさ ・利用希望者の状況や担い手希望者の適性を見極めるための客観的な視点 ・ボランティアマネジメントの視点

ちんと円滑になされることが組織の安定につながります（図表 10）。

■サービス部門・活動スタッフの役割

　調理や配達など直接サービス提供を担当する部門です。会食サービスでは調理スタッフと、利用者に接するスタッフが、配食サービスでは調理スタッフ・配達スタッフが必要です。シフト制でスムーズに活動が運営され、特定の人の負担を大きくしないようにするためには、ある程度人数を確保しておくことが望まれます（図表 11）。

■ボランティアとしての参加

　食事サービスの活動は多くのマンパワーが必要な活動です。地域に働きかけて活動をいっしょに担う仲間として、ボランティアに参加してもらいましょう。地域の多くの人の参加は、活動の信頼性を示す指標でもあります。

　食を通じたコミュニティづくりへの思いが共有できることが第一ですが、状況や得意分野がさまざまな人々を適材適所に配置するマネジメントが団体側に求められ

図表 11 ● サービススタッフの仕事と求められる力

役割	仕事	求められる力
調理スタッフ	・献立の作成 ・調理チーフ（リーダー） ・調理補助	・栄養の知識 ・料理の経験や関心 ・食材の手配
会食スタッフ	・会場の設営 ・レクリエーションや、地域の福祉情報の提供	・細やかな気づかい ・利用者とのコミュニケーション能力
配達スタッフ	・食事の配達 ・安否の確認	・車両の運転運行能力 ・利用者とのコミュニケーション能力 ・配達時の緊急対応

ます。調理や配達などの既存の活動ができない人にも、さまざまな参加のチャンスを提案したいものです。

　全国的に食事サービスボランティアは、10 歳代の学生から 80 歳代の方まで幅広い年齢の方が活動に参加しています。今後は特に、リタイアした後の年代である、60 歳代後半から 70 歳代の方がいきいきと活動できるようなアプローチが重要になります。

　　<ボランティア活動のいろいろ>

　　　会食会…レクリエーションや趣味活動の講師、楽器演奏や一芸の披露

　　　配食…お弁当に添えるお手紙、バースデーカードなどの作成

　　　厨房…食器の洗浄

　　　事務…機関紙の印刷や発送

7　活動拠点と設備

　食事サービスを始めるには厨房施設と会食や事務のスペース、駐車場が必須です。活動拠点の確保はサービスの安定的な提供において、非常に重要な問題です。① 自団体の既存施設の活用や新規拠点の確保、② 一般物件の賃借（住宅施設や店舗用物件）、③ 公共施設の利用（自治体の所有・公民館等の物件や社会福祉協議会の施設など）などが考えられるでしょう。

　立ち上げ時から団体で専用施設が確保できる団体は少数で、一般の賃貸物件も経費負担が大きく、支え合いの活動にはハードルが高いです。できるだけ経費のかか

らない物件を多方面に声をかけて探しましょう。地域の福祉活動に理解がある持ち主が空き家や空き店舗を貸し出す例も多くあります。また積極的に行政や社協など関係機関に相談して、公的施設を優先的に利用する方法や、地域内の高齢者施設、商店街などの空きスペースの紹介、賃貸料の補助について尋ねてみましょう。

　サービスの内容によっては食品衛生法規にのっとった厨房施設が必要になります。なるべく早期に保健所と相談することが欠かせません。

■公共施設を利用する際に気をつけること

　公共施設は、一定の使用目的・管理規約のもと地域の人が平等に使用できる社会資源です。施設利用料や水道光熱費等が無料であるところも多く、活動の拠点としては第一の選択肢に挙げられます。

　ただし、公共施設ならではの問題もあります。継続的な確保や使用頻度を増やすことが難しく、使用には抽選や予約が必要であったりと確実ではありません。また、公共施設に設置された厨房が大量調理に適さないこともあります。

　可能性がある施設を調べ、利用条件や付帯設備、借りられる調理器具・食器類についても確認しておきましょう。調味料や食器などを持ち込む場合はその保管場所の検討も必要です。

■食事サービスのための厨房備品・設備

　食事サービスを始めるための厨房整備について考えてみましょう。食品衛生の観点では食中毒の原因微生物を調理済み食品に付着させない**「下処理」「調理」「仕上げ」**の３工程が区画分けされた厨房が望ましい、とされていて、大規模な厨房施設では３つの工程は明確に区分けされています。しかし地域の食事サービスで使用される厨房は規模が小さいことが多く、こうした設備上の区分けができないことがほとんどです。そのため、作業工程ごとに清掃や手指・器具の洗浄を行うことにより食中毒を防止します。工程ごとにまな板や包丁を色分けし、器具やシンクを洗浄します。食事サービスのための厨房は、少なくともこうした食品衛生の取り組みが可能な設備であるべきです。

　食事サービスのための一般的な厨房設備は図表12の通りです。

　サービス立ち上げ当初は公共施設の資源を上手に活用し、継続できる手ごたえを得てから独自拠点の整備を検討するというプロセスが現実的です。専用厨房を整備することになったら設計段階から保健所に相談し、助言を仰ぎます。

図表 12 ● 食事サービス拠点整備

必要な厨房設備の例

□手洗い設備（鏡、手指消毒装置）
□下処理用シンク
□２槽式シンク
□ガスオーブン付レンジ（レンジ部は火口３個以上）
□調理台
□配膳台
□調味料棚
□食器保管庫（扉付き）
□包丁・まな板保管庫
□湯沸かし器
□業務用換気扇
□炊飯器
□業務用冷凍冷蔵庫
□検食用冷凍庫
□エアコン等
※「スチームコンベクションオーブン」「ブラストチラー」
　を備える団体もあります。

老人総合協力会ふきのとう

2　栄養と食品衛生

1　高齢者のための食事と栄養

　一人暮らしや高齢者夫婦のみの世帯では、使用する食材が同じ物や好きな物に偏り、単調になりがちです。家族の単位が小さくなると、食事の量や品数が少なくなり、料理もおっくうになり手のかからないものばかりになって、知らずしらず栄養不足の状態に陥りやすくなります。低栄養の高齢者は実は大変多く、65歳以上の6人に1人、85歳以上の3人に1人が低栄養傾向だといわれています。

　低栄養は老化を早め、要介護状態を引き起こす原因の一つであり、その改善はいまや高齢社会の大きな課題となっています。栄養が不足してバランスが悪い状態が続くと風邪をひきやすくなり傷が治りにくくなります。体調を崩しやすい状態は体力や意欲の低下を引き起こします。在宅高齢者への定期的な食事サービスは、こうした悪循環を改善する方策の一つです。意識して取り組みましょう。

　「何をどれだけ食べればいいかわからない」、「毎回同じ弁当を買ってしまう」、「食事に意欲がわかない」という声も聞きます。食事サービスで提供される食事がバランスのとれた献立の手本となれば、外食するときや総菜を買う際の選び方の参考にもなります。栄養や調理の情報を積極的に発信しましょう。

■老化がすすむのを防ぐ食べ方

　これまでのさまざまな研究から、高齢者の食事では多様な動物性たんぱく質と油脂類の摂取が大変重要であることがわかってきています。過去の粗食ブームに影響されて、いまだに「高齢者は肉や脂を食べないほうがよい」と考えている人がいますがそれは間違いです。

　持病で食事療法をしている人を除いて、適量の肉と油脂類を積極的にとっている人のほうがいきいきと元気で若々しいというのが、高齢者に多く接している人の実感ではないでしょうか。

　また栄養のバランスも大変重要です。いつもの食材に偏らず、さまざまな食品を

図表 13 ● 食生活チェックシート

（出典）熊谷　修　他『日本公衆衛生学雑誌 50．1117–1124』2003

あなたの食生活をチェック！

●10日間分の食生活の点数を記入してみましょう●

	肉	魚	卵	牛乳	大豆	海草	イモ	果物	油	緑黄色野菜	合計
1日目　1/1											
2日目　／											
3日目　／											
4日目　／											
5日目　／											
6日目　／											
7日目　／											
8日目　／											
9日目　／											
10日目　／											
10日間の合計											

チェック方法

・食べた食品が含まれていればそこの欄に「1点」を入れよう。
・10点中の評価
　　1〜3点「もっと色々食べよう」
　　4〜8点「もう少し努力が必要」
　　9〜10点「大変良い食生活」

日常的に摂取することです。「1日でまんべんなく」と考えるのではなく、10日間くらいのサイクルで偏りがないように食べられるようにします。こうした「動物性たんぱく質をしっかり食べる」、「いろいろな食材をまんべんなく食べる」食べ方を食事サービスを通じて発信していきましょう。

　図表 13 の「食生活チェックシート」は、食生活の傾向を把握するのに大変便利です。10 の食品群の摂取状況を得点化し、1〜3 点、4〜8 点、9〜10 点のグループに分け、生活機能低下の危険率を調べたところ、食品摂取の多様性得点が高いグループは危険率が低いという結果になりました。

　「高齢者は粗食」というイメージにとらわれず、「健康な高齢期を送るためには、十分な栄養が必要である」という認識をもち、肉・魚・野菜のバランスよい摂取を心がけた食事サービスを目標にしましょう（図表 14）。糖尿病や高血圧など特定の疾病予防のための食事を、そのまますべての高齢者に当てはめてしまわないことが大切です。

図表 14 ● 老化を遅らせるための食生活指針

（出典）熊谷　修　2011

① 欠食は絶対にさける。
② 動物性たんぱく質を十分に摂取する。
③ 魚と肉の摂取は一対一程度の割合にする。
④ 油脂類の摂取が不足しないよう注意する。
⑤ 牛乳を 200 ミリリットル程度飲む。
⑥ 食材の調理法や保存法をよく知る。
⑦ 調味料を上手に使い、おいしく食べる。
⑧ 自分で食品を購入して、食事を準備する。
⑨ 会食の機会を積極的につくる。
⑩ 余暇活動を取り入れた運動習慣を身につける。

2　高齢者に適した献立を考えよう

　利用者の視点にたって献立を考えてみましょう。

　地域で行われる食事サービスは、作り手の顔が見えるのが大きな特徴です。見知った人が自分のために調理した食事というものは、大量生産で作られた弁当とは一味違う、人のあたたかみが感じられるものです。食事サービス活動団体にとって、提供している食事はまさに「団体の顔」です。食を大事にしている人に作られた細

図表 15 ● 献立の留意点について

献立の際の留意点

1. **食事の献立**
 ・身体の状況等のほか、利用者の日常の食事の摂取量、嗜好（しこう）等に配慮して作成する。
2. **カロリーの設定**
 ・実際の高齢者の食生活に応じた、1 日の必要となる食事バランスなどを考慮して設定する。また献立表には主な栄養成分（熱量およびたんぱく質、脂質、食塩等）の表示等の情報も提供する。
3. **食べやすく工夫する**
 ・硬いものは軟らかく煮たり、一口大にするなど高齢者の状態を考慮する。
4. **豊富な食品数の確保**
 ・10 品目の項目を目安に、さまざまな種類の食品をバランス良く取り入れる。
5. **塩分の取り方と減塩の工夫**
 ・酸味のある食品で塩分の味わいを出すなど工夫をする。
6. **「楽しさ」の演出**
 ・美しい彩りや盛り付けなどで満足感が得られるようにする。
7. **季節と行事食**
 ・地域の伝統的な料理や四季折々の旬の食材を取り入れ、メリハリの利いた食生活を演出する。

やかな気づかいのある食事の提供は利用者に喜ばれ、それが担い手の充実感にもつながるのです。見て楽しく美しく、食べやすくおいしい、栄養のバランスのとれた食事を工夫しましょう（図表15）。

■食べやすくする工夫

＜片栗粉の活用＞

煮汁や汁物に水溶き片栗粉でとろみをつける。薄く小さく切った肉や魚に片栗粉をまぶしてゆでる。

＜とろみや粘りのある食材の利用＞

かぶや山芋やれんこん、大根のすりおろし、よくたたいたオクラやモロヘイヤなどをつなぎ材料やとろみ付け材料に使う。

＜油脂の活用＞

油、生クリーム、牛乳、練りごま、ピーナツクリームなどを使って喉のすべりをよくする。

＜切り方の工夫＞

肉も野菜も繊維に垂直方向に切る。筋をたたく。細かく切りめを入れる。麺や春雨、ビーフンは食べやすい長さに切る。青菜は加熱前に葉も小さく切るとよい。

野菜の皮はできるだけ除く。厚みのあるもの（大根など）には隠し包丁を入れる。

＜加熱方法の工夫＞

加熱時間を長くする。硬い材料（根菜など）は下ゆでする。ただしたんぱく質は加熱しすぎると硬くなるので注意する。魚や肉は蒸すと身がふっくらする。圧力鍋やスチームコンベクションを活用する。

＜食材に含まれる酵素を活用＞

玉ねぎのすりおろし、ヨーグルト、塩こうじ、酒粕、味噌、オリーブオイルなどに漬けておく。

（出典）社会福祉法人 わたぼうしの会編『わたしの幸せごはん　高齢者のための介護食』2015，かんよう出版

■献立例1　◎ひな祭りの献立

……ちらし寿司、鶏の照り焼き、がんもの煮物、青菜のからし和え、漬物、すまし汁、デザート（プリン）

（熱量518 kcal　たんぱく質27.9 g　脂質12.1 g　炭水化物71.6 g　塩分相当量3 g）

・ちらし寿司

材料（1人分）：すし飯135 g

具（干ししいたけ1/3枚　人参7 g　油揚げ5 g　だし汁、砂糖、薄口しょうゆ、みりん）

錦糸卵（卵10 g　砂糖・塩　サラダ油）刻みのり適宜　絹さや3 g（ゆでて斜め切り）

① 米に昆布・酒を加えて炊き、炊けたら米1カップに対してすし酢30 cc程度を加えすし飯にする。

② しいたけ、人参、油揚げを煮汁で煮る。

③ 卵は錦糸卵または炒り卵にする。

④ すし飯に②を混ぜ、刻みのり、卵、絹さやを飾る。

・鶏の照り焼き

材料（1人分）：鶏もも肉70 g（下味用：酒・しょうゆ・生姜汁）（タレ：しょうゆ、みりん、砂糖を2：1：1）

ブロッコリー

① 鶏肉は身の厚い部分は包丁を入れ平らにし、下味をつける。

② タレの調味料を火にかけ冷ます。

③ 鶏肉をオーブンで焼き、途中2、3回タレを塗る。

④ 食べやすい大きさに切り分け、ゆでブロッコリーを添えて盛り付ける。

・がんもの煮物

材料（1人分）：ふき（生）15 g　人参15 g　小がんもどき1個

だし汁　しょうゆ　酒　砂糖　みりん

① ふきは下処理をしておく。

② だし汁で材料を煮、調味料で味をつける

・青菜のからし和え

材料（1人分）：小松菜20 g　菜の花30 g　だし汁　しょうゆ　練りからし

① 菜の花と小松菜はゆでて冷ます。

② 水気を絞り、調味料で和える。

・**すまし汁**

材料（1人分）：三つ葉2g　はんぺん5g　生しいたけ5g　だし汁　塩　薄口しょうゆ

■**献立例2　◎普段のおかず　あんかけで口当たりよく**

……**肉団子煮込み　炊き合わせ　茄子の酢味噌　ご飯　すまし汁**

（熱量547.9kcal　たんぱく質23.4g　脂質13.7g　炭水化物80g　塩分相当量2.4g）

・**肉団子煮込み**

材料（1人分）：肉団子（豚ひき肉50g　長ねぎ3g　酒・しょうゆ・生姜汁・塩・片栗粉）　生揚げ30g　煮汁（だし汁・しょうゆ・砂糖・みりん・酒）小松菜　片栗粉

① ひき肉に荒みじんにした長ねぎと調味料と片栗粉をよく混ぜ、1人2個にまとめる。

② 煮汁を煮立て、肉団子を煮る。

③ 生揚げを加えさらに煮含め、片栗粉で煮汁にとろみをつける。

④ 小松菜は塩ゆでにし、添える。

・**炊き合わせ**

材料（1人分）：里芋1個　さつま揚げ15g　人参15g　干ししいたけ1/2枚　だし汁・酒・砂糖・しょうゆ・みりん・塩

① だし汁で材料を煮て、調味料で味をつける。

・**茄子の酢味噌**

材料（1人分）：茄子50g　こんにゃく20g　酢味噌（西京味噌・砂糖・酢・みりん・からし・だし汁）

① 茄子は蒸して、食べやすい大きさに切る。

② 下ゆでしておいたこんにゃくを薄く切り、だし汁で煮る。

③ 酢味噌の材料を混ぜ合わせ、火を通しておく。

④ ① と ② を盛り、③ をかける。

・**すまし汁**

材料（1人分）：麩3個　しめじ7g　糸三つ葉2g　だし汁・薄口しょうゆ・塩

■献立例3　◎普段のおかず　酢をきかせてさっぱりと

……ぶり香味焼き　冬瓜煮物　胡麻和え　ご飯　味噌汁

（熱量 561.8 kcal　たんぱく質 23.8 g　脂質 20 g　炭水化物 66.3 g　塩分 2.3 g）

・ぶり香味焼き

材料（1人分）：ぶり 70 g（下味用：酒・塩）　片栗粉　油　ねぎソース（長ねぎ 15 g　生姜 3 g　酢・しょうゆ・砂糖・ごま油）

① ぶりは食べやすい大きさに切り分けて骨を除き、下味をつける。

② 片栗粉を薄くまぶし、多めの油でこんがり焼く。

③ 長ねぎをみじん切りにし、ごま油で炒め、調味料を入れてねぎソースを作り、②にかける。

・冬瓜煮物

材料（1人分）：冬瓜 60 g　かに缶 3 g　カニ風味かまぼこ適宜　ゆで枝豆 5 粒　だし汁（薄口しょうゆ・みりん・酒・塩）

① 冬瓜は濃いめのだし汁で煮る。

② 冬瓜が軟らかくなったらかに缶を缶汁ごととかまぼこを加え調味料で味を調える。

③ 瓜を盛り付け、残った煮汁に塩ゆでしてさやから出した枝豆を加え、片栗粉でとろみをつけて冬瓜にかける。

・胡麻和え

材料（1人分）：もやし 30 g　人参 415 g　ほうれん草 15 g　和え衣（すりごま・砂糖・しょうゆ）

① もやし、千切りの人参をゆでてざるにあげる。ほうれん草はゆで、絞って食べやすい長さに切る。

② ①をすりごまと調味料で和える。

・味噌汁

材料（1人分）：豆腐 20 g　長ねぎ 3 g　味噌 10 g　だし汁

図表16 ● 行事食（ひな祭り）のレシピ

出典：老人給食協力会ふきのとう

ふきのとう献立表

H26年3月3日（月）						
献立名	ちらし寿司　鶏の照り焼き　がんもの煮物　青菜の辛子和え　漬物　すまし汁　デザート（プリン）					
献立名	材料	1人分	100人分	各所の分量	切り方等	作り方
ちらし寿司	白飯	135 g				①米に昆布・酒を加えて炊き、炊けたら米1カップに対して、すし酢30cc程度を加えすし飯にする。（すし酢は味を見ながら調節してください） ②しいたけ・人参・油揚げを煮汁で煮る。 ③卵は、錦糸卵または炒り卵にする。 ④絹さやはゆでる。 ⑤すし飯に②の具を混ぜる。 ⑥ご飯を盛り、のり・卵・絹さやを飾る。
ちらし寿司	昆布		1〜2枚			
ちらし寿司	酒		100 cc			
ちらし寿司	すし酢					
ちらし寿司	干ししいたけ	1/3枚			千切り	
ちらし寿司	人参	7 g			千切り	
ちらし寿司	油揚げ	5 g			千切り	
ちらし寿司	だし汁		適宜			
ちらし寿司	砂糖		150 cc			
ちらし寿司	薄口しょうゆ		150 cc			
ちらし寿司	みりん		100 cc			
ちらし寿司	卵	10 g				
ちらし寿司	砂糖		少々			
ちらし寿司	塩		少々			
ちらし寿司	サラダ油		適宜			
ちらし寿司	刻みのり		適宜			
ちらし寿司	絹さや	3 g			斜め切り	
鶏の照り焼き	鶏もも皮なし	70 g				①鶏肉は、身の厚い部分は包丁を入れて平らにし、下味をつける。 ②タレの調味料を火にかけ冷ます。 ③鶏肉をオーブンで焼き、途中で2〜3回タレを塗る。 ④鶏肉を食べやすい大きさに切り分け、盛り付ける。
鶏の照り焼き	酒（下味）		150 cc			
鶏の照り焼き	しょうゆ（下味）		200 cc			
鶏の照り焼き	生姜汁		50〜100 cc			
鶏の照り焼き	しょうゆ（タレ）		200 cc			
鶏の照り焼き	みりん（タレ）		100 cc			
鶏の照り焼き	砂糖		100 cc			
鶏の照り焼き	ブロッコリー	15 g			塩ゆで	
がんもの煮物	がんもどき	1個				①各々の材料をだし汁で煮て、調味料で味付けする。（一緒に煮ても、別々に煮てもかまいません。別に煮る場合、調味料は加減してください）
がんもの煮物	ふき	15 g			3〜4cm	
がんもの煮物	人参	15 g			乱切り	
がんもの煮物	干ししいたけ	1/2枚			1/4大	
がんもの煮物	だし汁		適宜			
がんもの煮物	しょうゆ		250 cc			
がんもの煮物	酒		100 cc			
がんもの煮物	砂糖		200 cc			
がんもの煮物	みりん		100 cc			
からし和え	菜の花	30 g			2〜3cm	①菜の花・小松菜はゆでる。 ②①の水気をよく切り、調味料で和える。（菜の花が高値の場合、分量等各所で調節してください）
からし和え	小松菜	20 g			2〜3cm	
からし和え	だし汁		少々			
からし和え	しょうゆ		150 cc			
からし和え	練りからし		大2〜3			
すまし汁	三つ葉	2 g				
すまし汁	はんぺん	5 g			いちょう切り	
すまし汁	生しいたけ	5 g			薄切り	
すまし汁	だし汁	150 cc				
すまし汁	塩	0.7 g				
すまし汁	薄口しょうゆ	0.5 cc				
漬物		5 g				
デザート	杏仁豆腐	60 cc				
デザート	フルーツ缶	1〜2切				

図表 17 ● 1 か月の献立表（2014 年 7 月分）　　　　　出典：老人給食協力会ふきのとう

月	火	水	木	金
	1	2	3	4
	チキンのエスニック風 じゃが芋の煮物 キャベツの生姜和え 白飯　味噌汁	銀だらの煮付け がんもの煮物 和風サラダ 白飯　味噌汁	和風ミートローフ 切り干し大根の煮物 もやしの酢の物 白飯　味噌汁	サバの文化干し 肉じゃが 春雨サラダ 白飯　すまし汁
	エネルギー：458 kcal たんぱく質：22.8 g 塩　　　分：2.6 g	エネルギー：568 kcal たんぱく質：22.2 g 塩　　　分：2.9 g	エネルギー：518 kcal たんぱく質：23.9 g 塩　　　分：3.1 g	エネルギー：573 kcal たんぱく質：29.0 g 塩　　　分：2.8 g
7	8	9	10	11
ドライカレー 大根の煮物 菜果サラダ 白飯　味噌汁	鮭のラビゴットソース 煮浸し 野菜の和え物 白飯　スープ	牛肉と玉ねぎの炒め物 車麩の煮物 もやしのナムル 白飯　味噌汁	エビチリ さつま芋の甘煮 青菜の磯辺和え 白飯　味噌汁	豚肉のねぎ味噌焼き 野菜の炊き合わせ コールスローサラダ 白飯　すまし汁
エネルギー：530 kcal たんぱく質：20.4 g 塩　　　分：3.4 g	エネルギー：459 kcal たんぱく質：25.5 g 塩　　　分：2.8 g	エネルギー：526 kcal たんぱく質：23.0 g 塩　　　分：3.2 g	エネルギー：534 kcal たんぱく質：21.5 g 塩　　　分：3.0 g	エネルギー：528 kcal たんぱく質：26.1 g 塩　　　分：3.0 g
14	15	16	17	18
ぶりの香味焼き 冬瓜の煮物 キャベツのサラダ 白飯　すまし汁	ピーマンの肉詰め がんもの煮物 いんげんの胡麻和え 白飯　味噌汁	鯵の南蛮漬け さつま揚げの煮物 野菜の和え物 白飯　スープ	鶏肉のさっぱり煮 ビーフンの炒め物 青菜と竹輪の和え物 白飯　味噌汁	金目鯛の粕漬け 肉入りきんぴら 茄子の胡麻和え 白飯　味噌汁
エネルギー：523 kcal たんぱく質：24.2 g 塩　　　分：2.6 g	エネルギー：567 kcal たんぱく質：21.0 g 塩　　　分：3.4 g	エネルギー：509 kcal たんぱく質：22.4 g 塩　　　分：3.2 g	エネルギー：499 kcal たんぱく質：25.8 g 塩　　　分：3.3 g	エネルギー：487 kcal たんぱく質：24.5 g 塩　　　分：2.7 g
21	22	23	24	25
 　海の日	白身魚のきのこソース 白滝の五目きんぴら 中華風和え物 白飯　味噌汁	チキンカツ 里芋サラダ チンゲン菜の和え物 白飯　味噌汁	鰆の野菜あん 切り昆布の煮物 なすの酢の物 白飯　味噌汁	シュウマイ 里芋の煮物 青菜のなめたけ和え 白飯　味噌汁
	エネルギー：455 kcal たんぱく質：22.9 g 塩　　　分：2.8 g	エネルギー：555 kcal たんぱく質：24.5 g 塩　　　分：2.8 g	エネルギー：504 kcal たんぱく質：22.9 g 塩　　　分：3.7 g	エネルギー：496 kcal たんぱく質：20.8 g 塩　　　分：2.9 g
28	29	30	31	
うなぎの蒲焼き 野菜の炊き合わせ 炒めなます 白飯　すまし汁	チンジャオロースー 南瓜の煮物 胡瓜の酢の物 白飯　味噌汁	かじきの照り焼き 夏野菜の煮込み きのこの和え物 白飯　味噌汁	冷しゃぶ ひじきの煮物 青菜のおかか和え 白飯　味噌汁	
エネルギー：584 kcal たんぱく質：27.9 g 塩　　　分：2.7 g	エネルギー：523 kcal たんぱく質：20.0 g 塩　　　分：2.7 g	エネルギー：469 kcal たんぱく質：22.4 g 塩　　　分：2.6 g	エネルギー：542 kcal たんぱく質：25.9 g 塩　　　分：3.0 g	

※食材の都合によりメニューは変更される場合がありますが、ご了承下さい。

3　食品衛生

　高齢者の暮らしと健康を守る食事サービスでは、食品の衛生管理も大変重要です。地域の活動は規模の小さいものから毎日 100 食以上を配食するものまでさまざまな規模で行われていますが、一般家庭以上の注意が必要になってきます。関わる

一人ひとりが食品衛生を理解し、食品事故を起こさないという自覚をもって行動することが必要です。

■ 食中毒について

食中毒の主な発症原因は ① 細菌性　② ウイルス性　③ 自然毒の３つに分類されます。原因となる細菌やウイルスは土壌・水中・空気中や食品に多く存在していますが、高温多湿で増殖したり、調理者の手指を介し広がったりして下痢や嘔吐、発熱などの症状を起こします。

・細菌性

感染型　腸炎ビブリオ菌・サルモネラ菌・病原性大腸菌など

毒素型　黄色ブドウ球菌・セレウス菌

・ウイルス性

ノロウイルスなど

・自然毒

動物性　フグ毒・貝毒など

植物性　毒キノコ・カビなど

食中毒を防ぐには予防三原則「つけない・増やさない・やっつける」を守ることが大切です（図表18）。

細菌性食中毒の事故は暖かくなる春から増え始め、7〜9月の高温多湿な夏場がピークとなります。気温が低い冬には発生しないかといえばそうでもなく、暖房の効いた室内に放置された食品が原因になることもあります。

■ ノロウイルスに注意

ノロウイルスによる食中毒や感染性胃腸炎は、特に冬に流行します。食中毒といえば夏というイメージが強いですが、実は食中毒による患者数のトップはノロウイルスによるものです。特に子どもや高齢者が感染すると症状が重くなりやすく注意が必要です。

ノロウイルスは人から人への感染が多いので、特に手洗いと消毒が重要です。消毒には次亜塩素酸ナトリウム（塩素系漂白剤）を使用します。アルコールや逆性せっけんはあまり効果がありません。

図表 18 ● 食中毒予防の三原則

食中毒防止の三原則

1. 細菌をつけない
   - しっかり手を洗う
     調理前／肉・魚・卵を扱った後／鼻をかんだ後
     トイレの後／肌や髪に触った後
   - まな板や包丁等を「肉用」「魚用」「野菜用」「仕上げ用」と使い分ける
   - 食材は分けて保管。生の肉や魚は容器に入れる

2. 細菌を増やさない
   - 調理済のものはなるべく早く供食する
   - 配食弁当は迅速に冷まし、冷やしながら配達する
   - 弁当はなるべく早く食べ、食べ残しは捨ててもらう

3. 細菌をやっつける
   - 中心まで火を通す。75℃・1分以上の加熱
     （ノロウイルスは90℃以上）
   - 手指や器具の殺菌・消毒

　加熱する食品は「中心部までしっかり加熱」します。中心温度85〜90℃で90秒以上、しっかりと加熱します。

■ **対象別の留意点**

　食中毒を防止するために、場所や材料等対象に応じて留意する点は図表 19 の通りです。

　それぞれが場所やポジションに応じて、一つひとつ注意していくことで、食中毒は防止が可能になります。安全な食事を届けられるように、細心の注意を払いましょう。

◎ **手洗いの方法**

① 流水でよくすすいだ後、せっけんやせっけん水を使う。

② 肘から手首へ、手の甲、手の平、指の間、指へともみ洗いする。

③ 爪ブラシで爪の間を洗う。

④ 流水でよくすすぎ、ペーパータオルでよく拭く。

⑤ アルコールを手にもみ込む。

手を洗うタイミングは……
・作業開始時、変更時（下処理から加熱処理へ　など）
・トイレの後
・汚れたとき（ごみ、床、髪や顔、ペンなど調理と関係ないものを触ったとき）
・食品に直接ふれるとき
・作業終了時

■HACCP について

　HACCP（ハサップ）は、国際的に認められている食品安全のための管理手法です。食品製造加工の過程で危害が起きそうな要因をあらかじめ分析して（hazard analysis）、どの段階でどんな対策をすれば安全かという管理点（critical control point）を定めて、そこを継続して監視することによって異物混入や食中毒などの食品事故を未然に防ぎ、製品の安全を確保しようというものです。

　HACCP は大規模な食品工場だけを対象にしたものではありません。地域の配食サービスにおいても HACCP の手法を取り入れることができます（図表 20）。事前にチェックする項目を挙げたシートを作成しておき、作業の前や作業中にチェックすることを習慣づけておきましょう。事故を未然に防ぎ、活動を守ることにもつながります（図表 21）。

→チェックシートは先に印刷しておき、決まった担当者が責任をもって記入します。
→日付順にファイルして保管しておきます。異物混入・加熱不足などの苦情があったとき振り返りができます。

図表 20 ● HACCP の手法を取り入れた衛生管理の例

チェック項目（CCP）	チェック内容
水質	時刻／色・異物／味
保冷庫温度	時刻／温度
調理ボランティア	時刻／体調／化膿創の有無／帽子調理服／毛髪／履物／爪など
食材料	入荷時刻／仕入れ先／状態／表面温度
加熱調理	調理法／加熱開始時刻／終了時刻／中心温度
完成品検査	完成時刻／異物の有無

図表 19 ● 衛生の留意点について

活動場所の衛生について

1. 調理場の整理整頓、清掃を励行する。
2. ネズミ、ハエ、ゴキブリなどの駆除に努める。
3. 冷蔵庫・冷凍庫は清潔にするように努めると同時に、冷蔵庫で 10℃以下、冷凍庫は−15℃以下に維持することが目安である。

材料・調理について

1. 材料の仕入れは、信用のある決まった店で、食事サービスに適した品物であることを確認してから行う。
2. 野菜類、魚介類、肉類など原材料を床の上に直接置かない。
3. 搬入時のダンボールの底は汚染されている可能性が高いので調理台の上に置かない。
4. 土のついた野菜を厨房に持ち込まない。
5. 6 月から 9 月の高温多湿の時期は献立にも気をつかい、卵焼き、練り製品、野菜サラダなど、傷みやすい食品は避ける。
6. バット、まな板、包丁は、まず、1．下ごしらえ用、2．仕上げ用（調理済み食品用）と用途によって区別する。下ごしらえ用は、素材別に 1．魚用、2．肉用、3．野菜用に区別し、各々が交わらないように細心の注意を払う。
7. 肉、魚、卵などを取り扱うときは、取り扱う前と後に必ず手を洗う。せっけんをつけて洗った後、流水で十分すすぐことが大切である。
8. 出来上がった食品と原材料を入れる容器ははっきりと区別し保管場所も別にする。
9. 検食用として、原材料のすべてを個別の袋に入れて、出来上がった食事の一食分（利用者に提供した品目・量を守る）とともに 2 週間冷凍保存（−20℃以下）し、保存期間が過ぎたら速やかに廃棄する。
10. 冷凍素材・食品など凍結している食品を調理台の上など常温に放置したまま解凍してはいけない。室温解凍は食中毒菌が繁殖することがある。
11. 加熱を十分に行う。それにより食中毒菌が存在した場合でも殺すことができる。目安は中心温度が 75℃以上で 60 秒加熱すること。加熱が十分かどうか、中心温度計を使い温度の管理をする。中心温度計が用意できなければ、中まで火が通っているか、なべの中から取り出して割って確認する。

調理者について

1. 下痢・腹痛のある人、手指に傷・できもののある人は調理しない。
2. 手指の洗浄・消毒を十分に行い、爪を短く切り、指輪や腕時計を外す。
3. エプロン・三角巾は常に清潔なものを着用し、トイレに行くときは必ず外す。
4. 厨房内では専用の履物を用いる。
5. 定期的に検便を実施する。できれば月に一回は実施する。

配食について

1. 調理した食品は速やかに配食する。
2. 弁当箱は清潔で衛生的なものを使用する。仕切に汚れが残らないよう丁寧に洗い、虫やほこりの入らない清潔な所で保管する。
3. 運搬用のケースには食品の汁が漏れて汚れやすいので使用後は直ちに洗浄する。
4. 配食担当者も食品を扱う者としての自覚をもち、衛生に十分配慮することが必要である。強い香水や厚化粧は利用者の立場に立てば控えるべきである。
5. 定期的に検便を実施する。できれば月に一回は実施する。

図表21 ● 温度・衛生管理シート（作業チェックシート）　　出典：老人給食協力会ふきのとう

| 検温者 | 本日の天気・・・ | | 年　　月　　日（　）|
| 記入者 | 本日の室温・湿度　　　度　　　％ | | |

加熱調理時間：中心温度管理

食材（メニュー）	調理法	加熱開始時刻	75度以上で1分測った時の[時刻]と[温度]	加熱終了時刻
	茹・煮・焼・炒・揚・蒸	：	：　　　℃	：
	茹・煮・焼・炒・揚・蒸	：	：　　　℃	：
	茹・煮・焼・炒・揚・蒸	：	：　　　℃	：

※スチームコンベクション使用時のメニューと温度、調理時間を記載
（例）焼き魚・・・ドライモード230℃　15分

水質チェック（調理前・配食前）

時　刻	色・異物	臭い	味	備考
8:30				
11:00				

完成品検査

チェック者	味	見た目	食べやすさ	焦げ	固い

（献　立）

保冷庫温度管理（朝・帰り）

時　刻	冷蔵庫	冷凍庫	乾燥庫
8:30	℃	℃	℃
14:00	℃	℃	℃

ご飯　　　℃
汁　　　℃

本日の食材　　　お米…　　　カップ　お粥…　　　カップ　　※肉・魚・牛乳の表面温度を計測してください

品　目	食材	仕入れ店	搬入日時	数量	状態	表面温度	備考
肉類			／　：		冷・凍・常	℃	
魚貝類			／　：		冷・凍・常	℃	
野菜			／　：		冷・凍・常	℃	
加工品			／　：		冷・凍・常	℃	
卵・豆腐			／　：		冷・凍・常	℃	
冷凍食材・缶詰			／　：		冷・凍・常	℃	
			／　：		冷・凍・常	℃	

調理ボランティア健康状態チェック

名　前	体調	化膿創	服装	帽子	毛髪	履物	爪	指輪等	手洗い	備考

作業後の清掃・消毒のチェック（済に○をつける）

ガス台　　作業台（上・中・側面）　　洗い場　　床拭き　　食洗器の洗浄
スチームコンベクションの洗浄　　　曜日の仕事（　　　　　　　）
- -
チーフ（　　　　　）　検食廃棄（　　　　　）　ごみの処理（　　　　）　ふきん洗濯（　　　　　）
調味料補充（　　　　　）　　電気・ガス・戸締り点検（　　　　　　）
レシピチェック参加者（　　　　　　　　　　　　　　）

特記事項
※注意する食材　　①ミンチ、厚焼き卵（卵の取扱いには要注意）、厚切り肉・魚（7mm）、練り物・根菜類（1cm角以上）は要注意
　　　　　　　　　②こんにゃく、春雨、しらたき、ところてんは食材の中に細菌が多く含まれていることがあるので十分にゆでる
　　　　　　　　　③しらたき、豆腐、筍の管理にあたっては菌の増殖を防ぐため、微酸性の状態（1袋に1ccの酢を入れる）で管理する

※注意事項　　　　①食材の加熱時間はメニューの調理方法最終段階の時刻とし、必ず75℃以上で1分以上加熱すること
　　　　　　　　　②焼き菓子等は検温器をさして、生焼きがないことを確認すること
　　　　　　　　　③夏季にゼリーを使用する場合は、生果物との混合は不可（缶詰は可）
　　　　　　　　　④食材を管理する人の手から細菌が感染する確率が高いので、爪を清潔にし、手洗いを十分に行う
　　　　　　　　　⑤指先などに切り傷がある場合には調理を控える

■配食サービスの衛生管理

　配食サービスでは、衛生が保たれた安全な食事が喫食されるよう特に留意しなければなりません。調理してすぐに配達したものを直ちに食べてもらえればよいのですが、正確な喫食時間の把握はなかなか難しいものです。「すぐに食べないものは冷蔵庫に入れる」、「当日中に食べきれなかったものは処分する」など利用者に具体的に呼びかけましょう。1回の食事で食べきれる量にする、配達時間を利用者の生活時間に合わせるなどの配慮も必要です。調理日や調理時刻などの表示をすることも考えられます。

　気温が高い時期は特に食べ物がいたみやすいため、クーラーボックスなどで保冷して配達し、食べる前にレンジで温めてもらうなどの工夫も必要です。配達者は直接利用者に接する役割として、利用者にも衛生についての意識づけをするよう努力しましょう。

◎温度管理や消費期限をどう考える？

　厚生労働省による「大量調理施設衛生管理マニュアル」は1日300食以上または1日750食以上を作る規模の大きい施設を対象にしていますが、一つの基準として大変参考になります。このマニュアルでは調理から喫食までの時間と温度管理について以下のようにまとめられています。

喫食時間や温度管理について

・調理後の食品は、調理終了後から2時間以内に喫食することが望ましい。

・調理後直ちに提供される食品以外の食品は病原菌の増殖を抑制するために、10℃以下または65℃以上で管理することが必要である。

・配送過程においては保冷または保温設備のある運搬車を用いるなど、10℃以下または65℃以上の適切な温度管理を行い配送し、配送時刻の記録を行うこと。

※「大量調理施設衛生管理マニュアル」重要管理事項4原材料及び調理済み食品の温度管理より一部抜粋

4　関連する法制度

■「特定給食施設」について

　健康増進法では、「特定かつ多数のものに対して継続的に1回100食以上、または1日250食以上の食事を供給する施設は、都道府県に届け出る必要がある」と定

められています。これを受けて県や市で、1回100食以下、たとえば1回20食からでも継続的に提供する場合は、「小規模給食施設」等として届け出ることを定めている場合があります（図表22）。過去には飲食店営業の施設基準が求められた市町村もありました。食事サービス活動は、高齢者などのリスクの高い人を対象としたサービスですから、衛生管理には特に配慮する必要があります。

　以上のことから、食事サービス活動を始める前には必ず市区町村や保健所の担当者に連絡をして、指導を仰ぎましょう。また、法律や条例はしばしば改正されます。保健所の衛生講習会には必ず参加し、報道にも注意を向けましょう。

図表22 ● 給食供給者の届け出

出典：東京都保健福祉部HPより

■栄養成分やアレルゲンの表示について

　平成27（2015）年4月「食品表示法」施行に基づく食品表示基準により、食品衛生法、JAS法、健康増進法の食品表示に関する規定が統合されました。食品関連事業者やそれ以外の販売者に対する栄養成分表示が義務化され、熱量、たんぱく質、脂質、炭水化物、食塩相当量について、表示することとされています。課税売上が1千万円以下の事業者は栄養成分表示の省略が認められます。また、当分の間、小規模事業者（おおむね従業員が20人以下。商業、サービス業は5人以下）については、栄養成分表示の省略が認められます。

　アレルゲンの表示に関しては、特にアレルギーを起こしやすいとされる食品のうち、発症数、重篤度から考えて表示する必要性が高いものとして表示が義務化された7品目があります。さらに可能な限り表示することが推奨される20品目が通知で定められています（図表23）。

　なお、これらの食材を使用する場合は、献立等に表示するようにします（例：「マヨネーズ（卵を含む）」「焼うどん（小麦を含む）」のように表示します）。

図表 23 ● 原材料を表示すべき特定原材料等		出典：東京都保健福祉局 HP「食品の窓」

特定原材料（省令で定められたもの）

特にアレルギーを起こしやすいとされる食品のうち、発症数、重篤度から考えて表示する必要性が高いものとして表示が義務化された7品目

えび、かに、卵、乳、小麦、そば、落花生

　症例数が多いもの…えび、かに、卵、乳、小麦
　症状が重篤であり、生命にかかわるため特に留意が必要なもの…そば、落花生

特定原材料に準ずるもの（通知で定められたもの）

可能な限り表示することが推奨された20品目

あわび、いか、いくら、オレンジ、カシューナッツ、キウイフルーツ、牛肉、くるみ、ごま、さけ、さば、大豆、鶏肉、バナナ、豚肉、まつたけ、もも、やまいも、りんご、ゼラチン

　これらの品目については、今後もアレルギーの実態調査の報告などに基づいて、見直しが行われます。

参考資料

●健康増進法施行規則（平成十五年四月三十日厚生労働省令第八十六号）

　http://law.e-gov.go.jp/htmldata/H15/H15F19001000086.html

●食品衛生法（昭和二十二年十二月二十四日法律第二百三十三号）

　http://law.e-gov.go.jp/htmldata/S22/S22HO233.html

●大量調理施設衛生管理マニュアル

　http://www.mhlw.go.jp/topics/bukyoku/iyaku/syoku-anzen/gyousei/dl/131106_02.pdf

●食品表示法（平成二十五年六月二十八日法律第七十号）

　http://www.caa.go.jp/foods/pdf/130628_houritsu.pdf

老人給食協力会ふきのとう

3　食事サービスの運営

1　利用者の募集から利用開始まで

　サービスの利用者はどう募ればよいでしょうか？　計画段階から行政や地域包括支援センター、居宅介護支援事業所、社会福祉協議会などの地域の組織によく相談し、利用のニーズがありそうな高齢者を紹介してもらうよう働きかけましょう。

　チラシやポスターを作成し、上記の諸機関や公共施設、町内の回覧板、高齢者施設や高齢者が集まるサークルに配布を依頼したり、民生委員・児童委員や町内会役員、ボランティアリーダーなど地域の活動を活発に行っているキーパーソンに話をしましょう。また、昨今はサービスを利用する前に、まずインターネットで情報収集することが当たり前になっています。家族が親のために調べることも多く、ホームページやブログの開設やフェイスブック（facebook）、ツイッター（twitter）などの SNS の活用も効果的です。サービスの概要や写真、日頃の活動の様子などを掲載します。

　利用者の募集を始めたら電話やメールでの問い合わせや申し込みを受け付ける体制が必要になります。サービスの概要を説明し、利用まできちんとつなげるために「こちらから説明すること」、「相手から聞き取ること」を整理しておきましょう。自分の団体ではニーズの解決ができず利用につながらなくても、次の相談先が紹介できるような準備も必要です。

　サービスの開始が決まったら、必要に応じて契約や状況調査を行います。特に利用者状況調査は安否確認のために大変重要です。担当ケアマネジャーや家族などの緊急連絡先、持病の有無、アレルギーや嚥下障害など食事の内容に関わることを聞き取り、不在時の対応方法などを協議して記録しておきます。重大な個人情報が含まれるので調査票の取り扱いは十分注意するようにしましょう（図表 24）。

図表 24 ● 配食サービス利用者調査シート

出典：老人給食協力会ふきのとう

新規作成日　　　　年　　　月　　　日
調　査　者

<table>
<tr><td rowspan="9">利用者</td><td>フリガナ</td><td colspan="2"></td><td colspan="2">明治／大正／昭和／平成</td></tr>
<tr><td>氏　名</td><td colspan="2">男　・　女</td><td colspan="2">年　　　月　　　日生　　　才</td></tr>
<tr><td>住　所</td><td colspan="2"></td><td colspan="2">TEL
FAX</td></tr>
<tr><td>介護度</td><td colspan="4">□自立　　　　　　　□要支援　1・2　　　　　　□要介護　1・2・3・4・5</td></tr>
<tr><td>世帯構成</td><td colspan="4">□1人暮らし　　　　□高齢者世帯　　　　□その他</td></tr>
<tr><td>申込理由</td><td colspan="2"></td><td colspan="2">(ふきのとうを知った理由)</td></tr>
<tr><td>配食希望日</td><td colspan="4">月　　火　　水　　木　　金　　＜　　昼食　・　夕食　　＞</td></tr>
<tr><td rowspan="2" style="writing-mode:vertical-rl">申込者</td></tr>
</table>

<table>
<tr><td rowspan="2">申込者</td><td>氏　名</td><td></td><td>利用者との続柄</td></tr>
<tr><td>住　所</td><td></td><td>TEL</td></tr>
<tr><td>民生委員</td><td>氏　名</td><td></td><td>TEL</td></tr>
<tr><td rowspan="4">緊急連絡先</td><td>①氏名</td><td></td><td>利用者との関係</td></tr>
<tr><td>住所</td><td></td><td>TEL</td></tr>
<tr><td>②氏名</td><td></td><td>利用者との関係</td></tr>
<tr><td>住所</td><td></td><td>TEL</td></tr>
<tr><td rowspan="4">医療の状況</td><td>現　在</td><td colspan="2"></td></tr>
<tr><td>過　去</td><td colspan="2"></td></tr>
<tr><td rowspan="2">かかりつけ医</td><td colspan="2">①　　　　　科(担当医　　　　)　通院・往診　TEL</td></tr>
<tr><td colspan="2">②　　　　　科(担当医　　　　)　通院・往診　TEL</td></tr>
</table>

<table>
<tr><td rowspan="8">サービスの利用状況</td><td></td><td>午　前</td><td>午　後</td><td>夜　間</td><td>≪備考≫</td></tr>
<tr><td>月</td><td></td><td></td><td></td><td rowspan="7"></td></tr>
<tr><td>火</td><td></td><td></td><td></td></tr>
<tr><td>水</td><td></td><td></td><td></td></tr>
<tr><td>木</td><td></td><td></td><td></td></tr>
<tr><td>金</td><td></td><td></td><td></td></tr>
<tr><td>土</td><td></td><td></td><td></td></tr>
<tr><td>日</td><td></td><td></td><td></td></tr>
<tr><td>食事の状況</td><td>現状</td><td colspan="4">□普通食　　　　□おかゆ　　　　□刻み　　　　□極刻み　　　　□一口大
□1人で食べられる　　　□食べさせてもらう　　　□その他</td></tr>
<tr><td rowspan="4">配食の際の留意点</td><td>入り方</td><td colspan="4"></td></tr>
<tr><td>置き場所</td><td colspan="4"></td></tr>
<tr><td>渡し方</td><td colspan="4"></td></tr>
<tr><td>その他</td><td colspan="4">*アレルギー食品の有無等</td></tr>
</table>

2　配達の方法

　配食サービスでは、徒歩・自転車・車などで担当する利用者宅まで食事を届けます。安全に正確に届けましょう。配達スタッフは日々利用者と対面で接する大変重要なポジションです。

　事務局は効率よく一定の時間に届けられるよう、あらかじめ配達コースを組んでおきます。活動日ごとに配達指示書を作成し、その日の配達先と注意事項を書き込んでおきます。

　通常では、チャイムを鳴らし、利用者が玄関先に出てくるのを待って食事を手渡しし、受領印をもらって終了ですが、玄関先まで出てこられないなどの特別の場合は声をかけながら部屋に入りテーブルにセットする、勝手口や庭に回る、指定の保冷箱に入れてくるなどの方法をとります。どんな方法で受け渡しをするかは状況調査の際に本人や家族とよく話し合っておきましょう。

■配達スタッフマニュアルの例（図表 25）
◎身だしなみ・持ち物

　手を洗い、消毒してから出かけます。清潔で活動的な服装を心がけ、必ず名札をつけます。普段から爪の手入れをしましょう。半ズボンやサンダル履きは避けましょう。住宅地図、タオル・携帯電話などを持って出かけます。

◎運転マナー

　配達は地域の多くの人の目にもふれています。安全で丁寧な運転を心がけましょう。

◎挨拶

　気持ちの良い挨拶を交わしましょう。短時間でも言葉を交わすと利用者の様子がわかってきます。

◎報告・相談

　拠点に戻ったら報告書の記入をします。食事の要望や休みの連絡などがあったときは、必ず事務局に報告します。様子に変わったことがあるなど何か気になることがあったら小さいことでも事務局に話をしましょう。

◎安否確認

　留守のときは、あらかじめ「保冷箱に入れる」、「管理人に預ける」などの指示があったとき以外は必ず事務局に電話をし、指示を待ちましょう。

図表 25 ● 配食マニュアル（例）　　　出典：公益財団法人 調布ゆうあい福祉公社「おなかまランナー配達マニュアル」

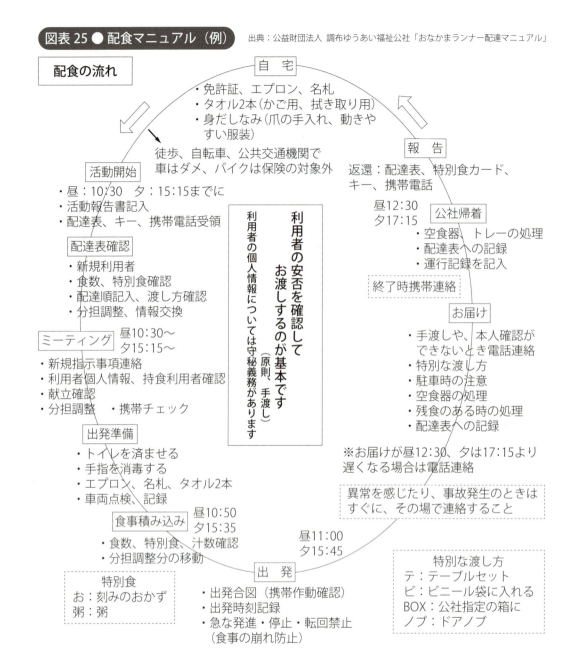

配食の流れ

自　宅
・免許証、エプロン、名札
・タオル2本（かご用、拭き取り用）
・身だしなみ（爪の手入れ、動きやすい服装）
徒歩、自転車、公共交通機関で車はダメ、バイクは保険の対象外

活動開始
・昼：10:30　夕：15:15までに
・活動報告書記入
・配達表、キー、携帯電話受領

配達表確認
・新規利用者
・食数、特別食確認
・配達順記入、渡し方確認
・分担調整、情報交換

ミーティング　昼10:30〜　夕15:15〜
・新規指示事項連絡
・利用者個人情報、持食利用者確認
・献立確認
・分担調整　・携帯チェック

出発準備
・トイレを済ませる
・手指を消毒する
・エプロン、名札、タオル2本
・車両点検、記録

食事積み込み　昼10:50　夕15:35
・食数、特別食、汁数確認
・分担調整分の移動

特別食
お：刻みのおかず
粥：粥

出　発　昼11:00　夕15:45
・出発合図（携帯作動確認）
・出発時刻記録
・急な発進・停止・転回禁止（食事の崩れ防止）

利用者の安否を確認してお渡しするのが基本です（原則、手渡し）
利用者の個人情報については守秘義務があります

報　告
返還：配達表、特別食カード、キー、携帯電話
昼12:30　夕17:15

公社帰着
・空食器、トレーの処理
・配達表への記録
・運行記録を記入

終了時携帯連絡

お届け
・手渡しや、本人確認ができないとき電話連絡
・特別な渡し方
・駐車時の注意
・空食器の処理
・残食のある時の処理
・配達表への記録

※お届けが昼12:30、夕は17:15より遅くなる場合は電話連絡

異常を感じたり、事故発生のときはすぐに、その場で連絡すること

特別な渡し方
テ：テーブルセット
ビ：ビニール袋に入れる
BOX：公社指定の箱に
ノブ：ドアノブ

◎**温度・衛生管理**

　保冷箱・保冷剤を正しく使い、配達中に温度が上がらないように注意します。自転車のかごなどに食事を放置したまま離れてはいけません。これから配達するものと空き容器がまざらないようにします。

◎**配達以外の頼まれごと**

　送迎や家事を頼まれても引き受けず、事務局に相談しましょう。

◎守秘義務

活動を通じて知った利用者の個人情報には十分注意をし、外部に漏らしません。

3　配食サービスにおける安否確認と緊急時の対応

高齢者のための配食サービスは手渡しが原則です。サービスに「安否確認」が含まれていたら、事前に「出かける」などの連絡がないのに応答がない場合は事前に聞いていた緊急連絡先に必ず報告をします。

家の中で倒れていた、などの緊急事態に迅速に対応するために、あらかじめ「緊急対応マニュアル」を作成しておきましょう。

家族やケアマネジャー、地域包括支援センターなどと日常的に情報共有ができていると、いざというときスムーズに連携がとれます（図表 26）。

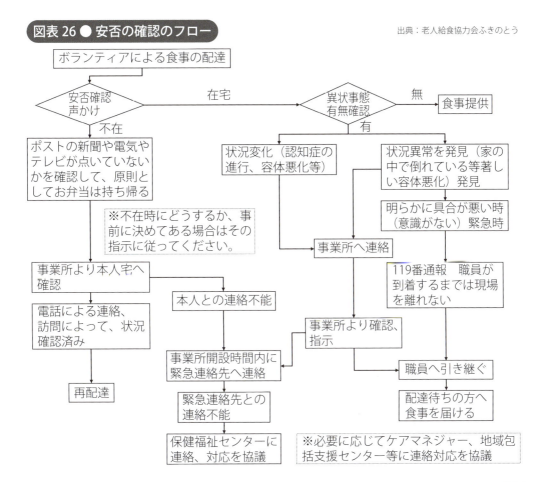

図表 26 ● 安否の確認のフロー　　　出典：老人給食協力会ふきのとう

4　事故の予防と保険

　食事サービスの活動では、活動者の転倒、交通事故、包丁で指を切る、やけどなどのほか、他者に損害を与えてしまう事故（利用者の家の物を誤って壊してしまったなど）、車両事故などが起こり得ます。活動者は責任をもって事故の防止に努める必要がある一方、団体は事故防止や事故が起きたときの体制を整え、研修の機会をつくらなければなりません。あらかじめ事故が起こりやすい状況を予想して、予防策や対応方法を考えておきましょう（図表27）。

　天候や体調の変化、人手不足など、事故はいつもと違う状況のときに起こりやすいものです。

図表 27 ● 事故の発生要因（危機ポイント）

状況別事故・ミス発生要因	
移動時	作業時
□天候（雨・雪） □季節（猛暑・厳冬期） □時刻（夕方・夜） □ボランティアの健康状態が優れないとき □時間の遅れ □不慣れなコース	□季節（猛暑・厳冬期・梅雨） □ボランティアの健康状態が優れないとき □作業の人数不足 □過密状態

＜保険について＞

　保険は、活動を始める前に準備しなければならない必須項目です。たとえ善意から出発した活動でも、何らかの事故が起きれば、社会的な組織として責任を負うことになります。万が一の事故を考え、保険の費用を予算に計上し、加入してから活動を始めましょう。保険に未加入の団体は早急に加入することを勧めます。

　さらにボランティア活動に対象を限定したボランティア保険もあります。ボランティア保険については活動地域にある社会福祉協議会に確認しましょう（図表28）。

図表 28 ● ボランティア保険のご案内

出典：東京都社会福祉協議会 HP より

サービスを継続するために

1　活動の見直し　～サービスをステップアップするために

　活動開始から数年たち、軌道に乗ってきたと感じたらどこかで一度立ち止まってサービスを見直しましょう。ボランティアや地域の助け合いの活動は感謝されることが多い半面、外部の評価を受け入れにくくなる危険性があります。また、日々の活動がルーティンワークになると、変化やニーズへの細やかな気づきが鈍くなるということもあります。サービスが利用者目線に立っているか、活動が担い手側の独りよがりにならないよう客観的に評価して課題を整理しておくことが、サービスの継続に関わってきます。

1　意見交換と情報共有

　日常的にスタッフ間で情報を共有し、風通しの良い意見交換ができる環境が必要

配達スタッフ
○食事・サービスに対する利用者の要望
○配達者のマナーについて（身だしなみ・挨拶）
○事故があったときの対応
○認知症のある人への対応

調理スタッフ
○効率化、おいしさの向上・衛生の向上のための機材の導入（フライヤー、スチームコンベクション、フードカッター、食器洗浄機など）
○介護食について
○栄養や食品衛生について
○調理作業の分担について、作業のすすめ方について

事務局スタッフ
○他サービスとの連携、ネットワークの構築
○担い手の問題（人手不足や有償・無償の問題）
○売上や助成金などお金の問題
○担い手のスキルアップ、研修について
○新たな取り組みの可能性

です。定例の会議や集会ではさまざまな立場から話が聞けるように工夫しましょう。活動に対して他人事にならず、提案型の意見が活発に出るような会議運営を心がけましょう。

2　利用者アンケート

　利用者や利用者家族の声を聴いてみましょう。アンケートにより利用者の意向を把握し、評価や要望をフィードバックしてサービスの改善に生かすこともできます。利用者の状態像、食事の満足度、嗜好などを捉えられるような設問を考えます。設問数が多かったり複雑だと回答してもらえません。

　① 味付け、量、品数、硬さ、彩り、盛り付け、食べやすさの評価

　② 好きなメニュー、食べてみたいメニュー

　③ 配達スタッフとのコミュニケーション、安否確認の必要性、食事の摂取状況や食事介助について

　④ 配食サービスを利用していない日の食事の状況

　⑤ 意見、要望など

2　サービスの拡充・取り組みの拡大

　食は第一には毎日の生きる糧であり、コミュニケーションツールでもあります。ニーズを捉えたサービスの拡充や、「食」の特性を生かした新たなつながりを考えてみましょう。

1　介護食について

　高齢になると歯が少なくなり飲み込む筋力が低下するので、通常よりも軟らかく料理したり食材を小さめに切ったりという工夫が必要になります。それでも食べにくく、お粥（かゆ）や刻み食の要望が聞かれるようになったらどうすればよいでしょうか。

　食べた物は口の中でモグモグと咀嚼（そしゃく）され唾液と混ざり、舌を使って一つの塊にして「ごっくん」と食道に飲み込まれます。うまく飲み込めずむせて気道に入ると肺炎の原因になります。「モグモグ」から「ごっくん」までの過程でどこに障害があるのか、食べる本人の状況の把握が大切です。刻み食だからといって何でも細かく刻むとかえって口の中でバラバラになってまとまらず、飲み込みにくいということもあります。出来上がった料理の形状に応じた刻み方の工夫など、団体の力量にもよりますが家族やヘルパーと連携しつつ介護食の要望に応えようとする姿勢が必要になってくるでしょう。

　刻み食やペースト食では、刻んだりフードプロセッサーにかける一工程が加わるため、食品がいたみやすく細心の注意が必要です。調理者は使い捨て手袋の使用や包丁・まな板・フードカッターの消毒を確実に行い、利用者側にも提供されたらすぐに食べ、残りは捨てることを徹底してもらいましょう。

■介護食品「スマイルケア食」

　最近スーパーやドラッグストアなどの身近な店で「噛みにくい」「飲む込みにくい」高齢者向けの商品が扱われるようになってきました。高齢社会に向けこうした「介護食品」の普及をすすめるため、農林水産省はこれらの介護食品を「スマイルケ

ア食」と名付けて定義・分類し、マークの掲示を始めています。

「噛むことに問題がある」は黄色マーク、「飲み込みに問題がある」は赤マークです。さらに噛むことに問題がある人向けに、「舌でつぶせる」、「歯ぐきでつぶせる」、「弱い力で噛める」の3分類が黄色A〜Cで示されています。

2 認知症？　ちょっと気になる人への対応

社会の高齢化と相まって、認知症の人が地域に普通にいるという時代が来ます。在宅高齢者のためのサービスをしていれば、必ず認知症のある人と接することになりますので、スタッフは基本的な知識を身につけておくことが必要です。ボランティアにも研修機会を設け、意識をもってもらうようにしましょう。自治体等が行う「認知症サポーター養成講座」も研修の入門編として活用できます。

介護のサービスが入ることに抵抗がある人でも食事は気軽に利用しやすいことから、まずは食事サービスを勧め、折り合いをみてほかのサービスにつないでいくという介護プランが立てられることも増えています。食事を渡しながらその方の状態を把握しておき、必要に応じて他機関につないでいくという視点が食事サービス提供者にはますます重要になってきているといってよいでしょう。見守りながら変化に気づくことが必要ですが、認知症らしい症状のある方にはどう対応すればよいでしょうか？

■ 顔見知りの関係をつくろう

食事サービスのスタッフは普段のその人の様子をじかに知ることができ、地元の人としてお付き合いができるのが特徴です。その特徴を生かして本人に嫌がられない範囲で人間関係をつくりたいものです。ただし、強く関わろうとすると余計に閉ざしてしまうことがあるので注意が必要です。

顔見知りになったら、顔を合わせたときに少しだけ様子を観察して「普段と違うところはないか」気にかけることです。気になることがあったら、その理由はわからなくても気になったことをほかのスタッフと話題にできることが大切です。

■ 何を見守るのか　初期の認知症

「ちょっと気になること」の多くは認知症の初期症状だといわれています。初期の認知症の大きな特徴は、それが一見しただけでは認知症に見えないことです。さら

に人の前ではちゃんとするのも初期の認知症の特徴だといえるでしょう。認知症になかなか気づくことができないのは一般的な話で、「認知症っぽくみえなくても認知症になっていることがある」ことを知っておきましょう。そのうえで、「これまでそんなことがなかったのに急に怒りっぽくなったり不機嫌になる気分の変化」「昼間なのにパジャマでいるとかちょっとだらしなくなるといった身なりの変化」「同じ話を繰り返したり表面的な話しかしない会話の変化」はないかを気に留めましょう。

■かかわり方の基本

・穏やかな表情

　　はっきりとした穏やかな表情で接します。

・優しくて脅かさない声かけ

　　せかせかせずゆったり話しかけます。畳みかけたりせず、何か言いたそうなときはちょっと待ちましょう。

・わかりやすい声かけ

　　だらだらと話さず、手短に話しましょう。問い詰めたり説明を求めたりしない。

・動作はゆっくり

・安易に元気づけないで「あなたのことを心配している」ことを伝えましょう。

■変化に気づいたら

　変化に気づいた人はほかのスタッフや事務局に早めに伝えます。そして継続して「誰かが見ている」という状況をつくっていきます。

　事務局の担当者は、① スタッフ同士が話ができるスペースや時間の確保　② スタッフが事務局に話がしやすい雰囲気づくり　に配慮することです。また、日頃から関係機関と知り合いになっておき、見守りの体制をつくっておくことも大変重要です。

3　「食」の特性を生かした新たな取り組み

　昨今は民間事業者による食事の宅配事業が盛んになり、都市部等では複数の事業が競合している地域も増えてきました。そうした地域では、助け合いの配食サービスもいくつかの選択肢の一つとみなされ、競争のなかで疲弊していったり、食のニーズを満たす役割を終えたとして活動を終了する団体も出てきています。

　地域の支え合いの取り組みとして始めた活動であれば、制度やサービスの隙間に落ちたニーズを拾い起こし、支援の必要な人に届くような活動に取り組みたいものです。

　「食」は毎日の生きる糧であると同時に、人と人を結びつける営みでもあります。手作りの食事は「おいしいものを食べてうれしい」「おいしく食べてもらえてうれしい」という感情のやりとりができることが特徴です。人間の幸福感の根源ともいうことができる「食」を通じ、さまざまな活動へと展開できる可能性が大いにあります。気づき、発見を形にしていきましょう。

○さまざまな「食の特性を生かした取り組み」
　たとえば…

(例1)　働きづらさを抱えた人の就労の場として
　家に引きこもっている働き盛り世代の人たちの就労支援として、食堂を立ち上げた。名産品を使った商品が話題となり町の名物になった。働きづらさがあった人たちが自信を取り戻し、「福祉でまちづくり」が合言葉となった。

(例2)　障害者の就労訓練の場として
　区役所の一角にできたレストラン。「わざわざ出かけていって食べたい」メニューを開発した。店内には障害者作業所製品が並び人気になった。

(例3)　食事や学習環境に困難を抱える子どものために
　家に食事の用意がなく、夜遅く出歩いている子どものために食事と学習環境の場を提供するこども食堂を立ち上げた。自身の活動だけでなく、新しくこども食堂をつくろうとする動きへのバックアップもしている。

(例4)　多世代が交流できる地域の居場所
　家族が減り空いたスペースを地域の居場所として開放した。手作りパンとコーヒーのカフェスペース、子育てサロンや食事会など子どもから高齢者までさまざまな人が集う場となっている。

（例5）農園をフィールドにした食のつながりづくり

　使われなくなった農地を市民グループが管理するコミュニティ農園として地域に開放。作物栽培と加工を通じて、多世代の人の居場所としてつながりができ、食文化の伝承もしている。

（例6）空き物件をコミュニティレストランに

　複数のグループが参画し、月・水曜日はＡグループがカレー、火・金曜日はＢグループがパスタというように日替わりで厨房に入り食事を提供している。料理を通して何かやってみたい人が集まる地域の拠点になっている。

4　採算面からみたサービス拡充

　サービスの拡充によって、採算面が安定した団体もあります。食事サービスでは採算がとれていないが、会食会やミニデイサービスなどの補助事業や、介護保険事業などの事業を展開することで収支を成り立たせています。

事例

サービスの多角化による採算の確保
NPO法人　あかねグループ（宮城県仙台市）

　あかねグループは、配食サービス以外に、会食会、介護保険の訪問介護事業やケアプラン作成、子どもの預かり等のファミリーサポート、ふれあいサロンを手がけています。配食サービスを核としながら、その時々に必要と思ったサービスを立ち上げてきました。一旦立ち上げたものの、やめたサービスもあります。

　食事サービスや訪問介護事業は、健康状態に何らかの問題があるなど生活において助けが必要な人へのサービスです。一方、ファミリーサポートやふれあいサロンは、自立生活を営んでいるものの、何らかの助け合いを必要とする人に対して、生活や健康状態を維持することを支援するサービスと位置づけています。

　サービスの多角化は、事業リスクの分散により全体の収益を安定化させる役割も担っています。配食サービスや介護事業で得た収益をサロン活動やファミリーサポートに回し、全体で採算を確保するようにしています。ただし、今後はサロン活動やファミリーサポートも徐々に独立採算で運営できるようにすることを目標としています。

3　人に伝えるためのツール

　広報活動は活動を継続するための大変重要な要素の一つです。日頃のサービス提供活動に力を集中しがちですが、活動を人に伝え、広げていく広報活動を並行して行わないといずれ先細りになっていきます。担当者を決め、継続して広報活動を行いましょう。

1　説明資料

　サービス利用希望者や支援者に活動の説明をするときに持参する資料は必須です。いきなり作るのではなく、まず何のための資料なのか（誰を・どうしたいのか）を考えて、構成を考えてから書き始めましょう。内容は渡す相手の立場に立って考えましょう。「こんなにいいことをやっています」といったことを並べても、相手の関心はそこではないということもあります。利用者向けならばサービスの内容や支払いについて、寄付や補助金の関係ならば活動の社会的意義や立ち上げの背景、効果などをきちんと盛り込むことが必要です。

2　チラシを作る

　見る相手の立場に立って、パッと手に取って「読もう」と思えるチラシを作りましょう（図表 29）。

3　メディアを活用しよう

　新聞やテレビなどのメディアやインターネットのメディアで活動が紹介されることは活動継続の大きな追い風になります。客観的な第三者からの評価は自分たちで作ったチラシを上回る大きな効果がありますから、取材の依頼があった場合はぜひ受け入れるべきです。

図表 29 ● チラシの例

何のサービスなのか明確にわかる写真やサービス名

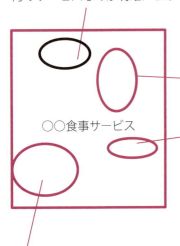

○○食事サービス

サービスの内容やかかるお金などおさえなければいけない
基本情報は明解に
・利用料、活動（営業）日、時間、活動エリア（配達エリア）など
・利用申し込みの方法、電話番号など

どんなお弁当なの？　写真やイラスト、栄養価、材料など

お弁当が「手作り」ならばチラシも手作りの雰囲気が
伝わるものを
－手書き文字やイラストの工夫

お弁当はどんな人がつくっているの？　どんな人が届けてくれるの？　材料は？
信頼性が感じられるといい

　地方紙や全国紙の支局では地域情報として地域の活動を取り上げることが多く、取り上げてもらえることも多いようです。積極的につながりをつくっていきましょう。つながりができたメディア関係の連絡先はまとめておき、イベントや新しい取り組みを始めるときなどは連絡して、取材してほしいと伝えましょう。

　いろいろなイベントや募集記事が掲載される告知欄は、掲載される情報量が小さいですが、条件が合えば高い確率で掲載してもらえます。

4　事業採算をとる　～収支の予測を立てよう

　活動を安定的に継続するためには収支の予測を立てることが大切です。食事サービスには材料費がかかるため初期段階からサービスが滞らないよう収支計画は必須です。団体の規模が小さく扱うお金の額が小さいうちは赤字の発見も容易ですが、団体の規模が大きくなると、団体の収支全体を見渡すことが難しくなります。収支の予測をきちんと立てて、健全な経営を確保するための利用者数や売上高の水準などを知っておくことが重要なのです。

1　固定費と変動費、損益分岐点を把握する

　収支の予測を立てるために覚えておくべきキーワードが3つあります。「固定費」、「変動費」、「損益分岐点」です。

・「固定費」と「変動費」

　「固定費」とは、サービスの利用者数に関係なく一定額の支出が見込まれる費用のことで、事務所や調理拠点の賃借料、光熱水費、事務局の人件費や備品費が該当します。一方、「変動費」とはサービスの利用者数に合わせて増減する費用のことで、食材費や調理・配達スタッフの人件費、消耗品費等が該当します。

　収支予測を立てるためには、まず事業にかかっている費用を「固定費」と「変動費」に仕分けすることが必要です。

・「損益分岐点」

　総収入（売上高）から総費用（固定費と変動費の合計）を差し引いたものが収益あるいは損失で、総収入（売上高）と総費用が等しければ収益が0円となります。このような状態になる総収入（売上高）のことを損益分岐点売上高（図表30の②）と呼びます。グラフで示すと、以下のように総収入（売上高）と総費用のグラフが

図表 30 ● 損益分岐点

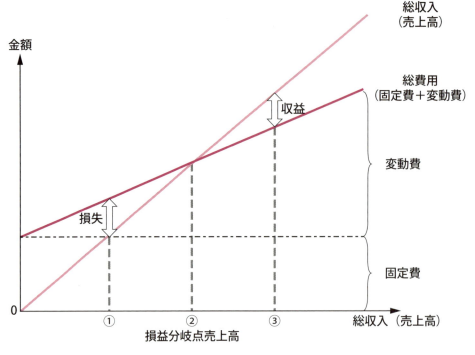

交わる点を「損益分岐点」と呼びます。

　総収入が損益分岐点売上高よりも大きければ（図表 30 の ③）収益があり、小さ
ければ（図表 30 の ①）損失が発生します。

　住民参加型の食事サービスは、もともと地域にある課題を助け合いによって解決
するという考え方の活動ですから、多くの収益を追い求める必要性はありません。
しかし、団体の活動の安定性を高め、将来新たなサービスを展開するための原資を
確保するためにも、ある程度の収益を確保しようとすることが重要です。

　前述した「損益分岐点」は、収益が 0 円となる状態（＝採算がとれる限界）です
から、総収入（売上高）で損益分岐点売上高を確保できないと団体の採算も赤字に
なってしまいます。つまり、団体としての採算を確保するためには、損益分岐点売
上高を確保するくらいのサービス利用者の確保が必要になるということです。地域
のニーズを踏まえて、収益を確保できる程度の利用者数を見込めるかどうかをよく
検討しましょう。

　もし、収益確保の見込みが立たない場合は、総費用（固定費と変動費）の節減が
必要です。図表 30 でいえば、固定費を下げることは総費用のグラフ全体を押し下
げる効果が、変動費を下げることは総費用のグラフの傾きを小さくする効果があ

り、いずれも損益分岐点売上高が小さくなり、収益を確保するために必要な利用者数も小さくなります。

収支状況の「見える化」～会計の精密化
NPO法人 あかねグループ（宮城県仙台市）

会計は「NPO会計基準」に沿った会計ソフトを利用しています。あかねグループの事業全体の活動計算書、配食サービスや介護サービスなどの事業収支と、その他NPO活動の特徴ともいえる会費や寄附金などの会活動と収支を分けた事業別の活動計算書、さらに事業部門ごとの活動計算書を別々に作成できるため、複数のサービスを提供しているあかねグループの会計処理に適しています。活動計算書（事業別・費用別）、予算対比計算書、貸借対照表は全事業を統合した形です。

会計の状況は会計担当者だけでなく、理事や運営委員のメンバーも理解しています。会計のしくみが理解できると、食材費や諸経費などの実態を把握することが可能になります。また他団体の事業報告書を読んだときに、比較して参考になるので重要です。

ソフトの導入により、上半期、毎月などいつでも資料が出せるようになっています。月毎の収支がわかると、配食事業の状況を正確に理解し運営ができます。消費税率の変更に対応することや増税のため減収にならないよう検討しています。

常に「現在」を数字で表し、これに沿った運営・企画が大切です。

2　収支計画の実行と見直し

食事サービスは、必ずしも規模が大きくないとできない活動ではありません。少人数で、地域の身近な利用者にサービス提供して成り立つ団体も多く、それこそが住民主体の生活支援サービスの形であるともいえます。しかし、事業の継続のためには、拠点を安定的に確保し、一定の事業規模を維持することが必要です。

では実際に収入が損益分岐点を越え、赤字にならないようにするための方法について考えていきましょう。それには「売上を拡大する」、「コスト（変動費・固定費）を減らす」、の2パターンがあります。

■食事サービスにおける売上増加

売上収入はサービス利用料と会費、寄付や助成金などで構成されます。利用料は利用料金と提供回数で構成されているため、利用料金を上げるか、提供回数が増えるほど売上は増えることになります。

○ 利用料金を上げる

　利用料金は直接利用者の負担になります。負担が大きくなり過ぎると利用そのものが抑制されるため、利用料金の値上げには注意が必要です。1回あたりの食事サービスの利用料は活動や地域により差はありますが、自主事業で行われている場合では500〜700円、行政からの委託事業の場合は300〜500円が平均です。

○ 提供数を増やす

　提供数を増やす方法としては、利用者を増やす方法と、一人当たりの利用回数を増やす方法があります。利用者の拡大は、広報宣伝を強化して増加を図るほか、サービス対象地域を広げる、新たな利用枠（行政事業の委託や、利用対象者の拡大）を設定するなどの手段が考えられます。地域のデイサービスへの供食などは一定数を確保し事業を安定化させる効果もあります。一人当たりの利用回数の拡大に向けては利用者のニーズを再検討し、献立や材料、配達時間、利用料などサービスの内容を見直してみましょう。昼食のみのサービスだったものを夕食のサービスも追加する、安価で利用できるコースをつくるという方法も考えられます。

　住民主体の食事サービスでは、年間提供食数5,000食未満で小規模、25,000食を超えると大規模というのが一つの目安です。

○ 会費について

　会費収入はサービスの利用料ではなく、団体の基本的な運営財源として考えます。団体の性質によって会費の考え方は変わりますが、利用者・担い手、賛同者それぞれの立場の違いによって金額に違いがあるのが一般的です。

　助け合いの食事サービスは、サービスを「売る－買う」の関係を超えた、地域に必要なサービスをそこに住む人がいっしょになってつくり上げる取り組みですから、地域のさまざまな立場の人に賛同してもらえるよう努めなければなりません。会費は「みんなで会を支える」という考え方の一環にありますから、ぜひ基本的な財源として一定額を確保する努力をしましょう。そのためには、団体の取り組みを広く関係者に理解してもらうことも欠かせません。日々の活動を知らせるニュースレターの発行や1年間の活動と会費の使い道を知らせる年次報告を行いましょう。

○ 助成金や寄付

　実績が積まれ認知度が高まってくると、行政からの事業委託や補助金についての

情報が入ることも多いようです。企業や助成財団からの支援を受けるためにも実績が重要です。助成の情報をキャッチできるようにアンテナをはっておきましょう。

■ 食事サービス事業におけるコスト削減の方法

　収支をマイナスにしないもう一つの方法は、コストを抑えることです。経費ごとに支出を抑える工夫について考えていきましょう。

○ 物件費を抑える方法

　まず物件費として大きいのが施設の賃借料です。これは関係機関とコミュニケーションを積極的にとり、公共施設が安定的に利用できるように所管課と情報交換をしましょう。

　また車両や厨房施設などは必要な備品ではありますが、非営利の住民団体がなかなか購入できるものではありません。助成団体や行政からの支援、または応援者からの寄付もあるかもしれません。日頃より、情報をキャッチするアンテナを伸ばしておくことも重要です。

○ 食材費を抑える方法

　市場、食品問屋、地域の商店、スーパー、農園など複数の仕入れ先を検討しましょう。可能ならば価格と質を定期的に見直し、予算内で安全かつ質が良いものを求めます。

　野菜や果物などは時季外れや天候などで高値になることがあります。臨機応変に献立を差し替えられるような体制にしておきます。また、食材は無駄のないように仕入れ、廃棄を極力抑えます。調味料や缶詰などの買い置きは先入れ先出しを徹底し、賞味期限の前に使い切ります。

　コストを食材費・人件費・物件費に分けて考えた場合、多くの団体で食材費30〜60％、人件費30〜40％と、食材費と人件費の二つが大方を占めています。非常に大まかにいえば、食材料費は利用料の50％以下というのが一つの目安です。これ以上になると赤字になる可能性が高くなります。

5　他団体との連携
〜連携の第一歩は自ら足を運ぶこと

　サービスに広がりをもたせるには、絶えず社会の流れに目を配りながら、時代状況に合わせて活動形態を見直す必要があります。ところが活動が軌道に乗り始めると次第に忙しくなり、日々の仕事をこなすことで精いっぱい、なかなか余裕がないという状況に陥りがちです。こうした状況のなか、リーダーの視点が内向きになると、団体は当初の目的を見失いかねません。対外的なネットワークのための活動の時間も確保しましょう。

　イベントや講演会、フォーラムへ参加すると、同じような課題意識をもった人や団体と知り合うことができます。先駆的な活動についての情報も入ってきますのでぜひ積極的に出かけていきましょう。

　知り合いになったら定期的にニュースレターを送るなどし、関係性を大切にします。スタッフの研修として相互に活動見学や交流ができるようになると、活動も深まります。

1　地域内での関係者連携

　地域の関係団体・関係者との連携で活動は大きく広がります。普段から関係性をつくっておき、サービスの内容や団体の性質をしっかり説明して、さまざまな機会を利用して利用案内などの資料を渡しておきましょう。

◎**地域内の関係機関・関係者の例**
　・地域包括支援センター
　・ケアマネジャー
　・地域内のサービス提供団体
　・町会・自治会、民生委員、老人クラブ
　・社会福祉協議会

　・地域内の福祉施設

　・商店街

■ 地域包括支援センターとの連携

　食事サービスにとってかかわりが深い関係機関の第一は地域包括支援センターです。地域包括支援センターは利用者や家族の相談に応じて食事サービスを紹介する立場ですから、普段からきちんと関係性をつくっておくことが重要です。

　紹介を受けたら丁寧に対応し報告も怠らないようにしましょう。利用者の状況の変化など気になることがあったら団体で抱え込まずに地域包括支援センターに相談すれば支援につなげることができます。地域包括ケアを担う団体の一つとして、ボランティアを対象にした学習会の講師を依頼したり、地域包括支援センターが開催する講座に参加したり、よい関係をつくるようにしましょう。

○ 連携の例

　・活動内容の相互理解

　・団体が行う学習会の講師を依頼

　・利用者紹介、調整、仲介

　・利用者の状況が変化したり気にかかることを相談し、支援につなげる

　・ケアプランに組み込まれた食事サービスの利用調整

■ ケアマネジャーとの連携

　サービス提供エリア内の居宅介護支援事業所（ケアマネジャー）も大切なかかわりのある機関です。サービスの申し込みや、ショートステイ入所や入院などによるサービスの停止、食事の受け渡し、支払いについてなど、食事サービスも利用者の生活全般を支えるチームの一員となって情報を共有し、連携の体制をとることが期待されています。

○ 連携の例

（例1）

　玄関先まで食事を受け取りに出てこられない利用者に、ホームヘルパーの訪問に合わせて食事を配達する

（例2）

　配食サービスの食事をホームヘルパーが利用者の前で刻み食にするなどして食事介助を行う

（例3）

　入院したらすぐにサービスを停止する。退院した直後からサービスが途切れなく利用できるように調整する

（例4）

　認知症症状など状況の変化を把握し、ケアマネジャーに伝える

（例5）

　体調によってお粥食・刻み食への変更や食べきれる量の調整をする

（例6）

　服薬を忘れてしまう人へ、配食時に服薬を促す声かけをする

■地域内の他サービスとの連携─補完し合う関係づくりをめざそう

　同じ地域で移動サービス、ホームヘルプサービス、ミニデイサービスなどの生活支援サービスを提供している団体との交流を大切にしましょう。同じ地域の在宅高齢者を対象にしている団体同士ならば、重なっている利用者も多いかもしれません。お互いの活動を理解し信頼ができていると、利用者から相談を受けたときにすぐに紹介ができます。地域にはいろいろなサービスがあってどこに依頼すればよいか選択に迷っているときは、よく知っている人からの紹介が決め手になることが多いものです。利用案内などの資料を交換し、活動の内容を理解しておくことを勧めます。

　またホームヘルプで食事作りや、サロンやミニデイでは食事の提供を行うことがあるなど、食の分野は他サービスでもニーズがあります。厨房がなかったりスタッフの手がたりない小規模の施設では配食サービス団体がデイサービスの昼食を提供している事例も多く、また個人宅での短時間での食事作りは時間がない・材料がないという理由で栄養バランスのとれた食事を作ることが難しいことから、食事作りは配食サービスの利用を勧められることもあります。質の高い食事サービスは連携

先の団体にとってもメリットがありますから、互いに補完し合う関係として連携を積極的にすすめていきましょう。

2　定期的に交流するための工夫をしよう〜ネットワークについて

　交流といってもなかなか会う機会もないし……と思う方もあるかもしれません。機関紙の発行やブログ、SNSでの情報発信を相互にフォローし合うのもよい方法です。機関紙やブログなどのインターネットサービスは潜在的利用者や潜在的支援者のほかにも他団体と情報交換するためにも大変有効です。活動を外に向けて開くと、訪問（見学）の申し出を受けることもあるでしょう。互いに刺激を受けて、新たな課題やニーズを発見したり知恵や工夫を共有できる関係づくりをしましょう。

　すでに食事サービス活動団体のネットワークの組織があり、活発に活動している地域もあります。仙台では「食事サービスネットワークみやぎ」、東京では「東京食事サービス連絡会」、大阪では「大阪食事サービス連絡会」があり、都道府県レベルでの食事サービス活動団体間での情報交換やネットワークを形成し、活動を推進するための学習会や交流会を行っています。また全国老人給食協力会は全国の活動団体の相互交流と連携をすすめています。

事例

食事サービスネットワークみやぎ

　仙台市周辺で活動する7団体が参加する連絡会です。お弁当の試食を兼ねた交流会を定期的に開き、レシピや食材費等について情報交換をしています。ゲストを呼んで勉強会を開くこともあります。よりおいしく、栄養や食べやすさに配慮した食事を提供できるよう、自由な話し合いのなかで課題やノウハウを共有しています。

3　自治体と連携する意義

　生きるうえでまず必要になる食事は、高齢者や障害者の在宅サービスのなかでも第一に考えられる課題です。「食」を中心とした買い物・調理・片付けといった家事の分野、食事介助、さらに交流や見守り、状況把握といった広がりを考えれば、「食事サービス」は単なる弁当の宅配ではないことは明らかで、高齢者や障害者の食支援活動を行っている団体は地域福祉を担う自治体と常に協働関係であるべきでしょう。

一方で自治体にはサービス提供の体制づくりやサービス立ち上げのサポートといった役割があり、財源・拠点など運営基盤の弱さがある団体を委託や助成、拠点面の支援といった形で支えているという関係性もあります。

　自治体から活動を支援してもらうという関係性だけではなく、自治体の地域福祉施策を理解して日常の活動から得た課題から提言提案を行うといった双方向での連携体制をつくる必要があります。平成27（2015）年度改正介護保険制度では、配食サービスの実施方法は事業者指定、委託、運営費補助（助成）とされており、いずれも市町村の裁量が大きい部分です。まずは地域支援事業の担当部署と緊密に連絡を取り合い、情報を共有しておきましょう。

自治体への働きがけ
NPO 法人 いきいき会　大阪府・高槻市

事例

　食事サービスを必要とする人に提供できる仕組みを広げるため、行政としても取り組んでもらえるよう、サービスの重要性を伝え続けてきました。立ち上げ当時は住民主体の活動が少なく、理解を得られにくい時代でしたが、単に「大切なんだ」と言うのではなく、自分たちでできることに取り組んだうえで、取り組みを通じて得たデータや事例を伝えるなど、実態を知ってもらうように心がけました。また行政とのコミュニケーションの際は、行政ができることや必要な手続きを踏まえるなど相手の立場にも配慮し、受け入れてもらえるようなかかわり方をしました。

　地道な働きかけの結果、委託事業を開始する際に「いきいき会のようなところが委託先になるのであれば、配食サービスをやってもよいと考えた」とのコメントがありました。

　行政に頻繁に足を運んで、コミュニケーションをとっていたのがポイントだったと思います。今では定例で事業者と行政との連絡会が開かれています。

4　中間支援組織との連携

　ネットワークは、その大きさによって機能が異なります（図表31）。小規模のネットワークでは活動地域が重なっていて地域のニーズや資源を共有しています。ネットワーク内の団体や行政と連携することで、利用者のニーズをより満たすことができたり、人材・拠点など活動に必要な資源支援につながる可能性があります。

　中規模のネットワークになると、同じ都道府県内の食事サービス団体との交流や情報交換が可能になります。食事サービスの場合、活動地域内に同じ立場の団体が

あることは少ないため、中規模のネットワークを構築することで、ノウハウの共有を行うことができます。また都道府県や市町村に対して、共同で提言や要望を伝えるといった活動にも取り組みやすくなります。

　大規模のネットワークは、全国各地で活動する団体との接点をつくる場です。先進的な取り組みについて互いに学び合い、従事者養成と共にサービスの質を高めていく機会を得ることができます。またサービス提供の基盤づくりに関わるような政策提言なども、大規模ならではの取り組みといえます。

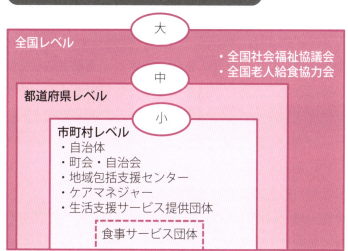

図表 31 ● さまざまな規模のネットワーク

大　
全国レベル　・全国社会福祉協議会　・全国老人給食協力会

中　
都道府県レベル

小　
市町村レベル
・自治体
・町会・自治会
・地域包括支援センター
・ケアマネジャー
・生活支援サービス提供団体

食事サービス団体

事例

大阪食事サービス連絡会
（大阪食事サービス連絡会事務局：NPO 法人　フェリスモンテ）

　平成 26（2014）年 12 月、府下 12 団体の参加をもって発足されました。ネットワーク活動を始めたことで、食事サービス団体間の情報共有を図りやすくなりました。団体間の垣根を越えて、お弁当の原価などの踏み込んだ経営状況、ボランティアの募集の工夫や活動内容など、個別に尋ね合うような関係も育まれつつあります。

　また、ほかの生活支援サービス団体ネットワークと連携しながら、生活支援サービスについて考えることのできる場が生まれました。

　今後は、会員団体間での学習・交流会を全国老人給食協力会と連携して実施する予定です。全国の動向の情報提供、大阪での動きや各団体間の状況等の意見交換のうえ、研修等の実施、各自治体や大阪府への提言、全国への発信等、現状の課題整理を行い、活動していきたいと考えています。

5　新しいサービスの立ち上げ
　　〜「新しい介護予防・日常生活支援総合事業」を活用した提案〜

　食の提供を含めた介護予防や居場所づくりの活動はこれからますます必要とされてきます。食事サービスは自立から要介護までの高齢者を幅広く対象としてきましたから、わたしたちが介護予防や居場所づくりに活動範囲を広げる展開は十分に考えられます。

　今、こうした介護予防の取り組みを自治体や地域包括支援センターと連携して行うことによって、自治体から運営費助成を受けて「新しい介護予防・日常生活支援総合事業」による通所型サービスBや、一般介護予防の「通いの場」として展開することが可能です（図表32）。

　総合事業は要支援者のための支援の創出・充実と、高齢者の社会参加をすすめて要介護状態になることをできるだけ遅らせることを目標としていますから、総合事業の導入を「互助型活動を立ち上げ育てるきっかけ」として積極的に捉えることが大切です。「新しい介護予防・日常生活支援総合事業」のガイドラインによると、住民主体の活動に対して自治体の裁量で立ち上げ資金や会場借料、光熱水費、人件費等を支援することが可能であるとされています（図表33）。

　さらには、今後地域では助け合いの組織を立ち上げたり専門的なサービス提供ができる団体に育てる拠点の整備が望まれるようになるでしょう。たとえば、その拠点が① 食事サービスや移動サービスなど専門性・目的性をもった支援開発と、② サロン・カフェ・健康体操などの地域住民活動の促進といった、専門的支援開発と住民互助活動促進の２つの機能を担うことができれば、介護予防から介護まで幅広く対応できる「生活支援のモデル拠点」となることができます。こうした視点をもった活動展開の姿勢が必要になると考えます（図表34）。

図表 32 ● 「通所型サービスB」と「地域介護予防活動支援事業」の比較

（出典）厚生労働省「新しい総合事業ガイドライン」

事業	介護予防・生活支援サービス事業	一般介護予防事業
サービス種別	通所型サービスB （住民主体による支援）	地域介護予防活動支援事業 （通いの場関係）
サービス内容	住民主体による要支援者を中心とする自主的な通いの場づくり ・体操、運動等の活動 ・趣味活動等を通じた日中の居場所づくり ・定期的な交流会、サロン ・会食等	介護予防に資する住民運営の通いの場づくり ・体操、運動等の活動 ・趣味活動等を通じた日中の居場所づくり ・交流会、サロン等
対象者とサービス提供の考え方	要支援者等	主に日常生活に支障のない者であって、通いの場に行くことにより介護予防が見込まれるケース
実施方法	運営費補助／その他補助や助成	委託／運営費補助／その他補助や助成
市町村の負担方法	運営のための事業経費を補助／家賃、光熱水費、年定額　等	人数等に応じて月・年ごとの包括払い ／運営のための間接経費を補助／家賃、光熱水費、年定額　等
ケアマネジメント	あり	なし
利用者負担額	サービス提供主体が設定 （補助の条件で、市町村が設定することも可）	市町村が適切に設定 （補助の場合はサービス提供主体が設定することも可）
サービス提供者（例）	ボランティア主体	地域住民主体
備考	※食事代などの実費は報酬の対象外（利用者負担） ※一般介護予防事業等で行うサロンと異なり、要支援者等を中心に定期的な利用が可能な形態を想定 ※通いの場には、障害者や子ども、要支援者以外の高齢者なども加わることができる。（共生型）	※食事代などの実費は報酬の対象外（利用者負担） ※通いの場には、障害者や子どもなども加わることができる（共生型）

図表 33 ● 訪問型サービスと通所型サービスの内容ごとの実施方法

資料参照「厚生労働省介護予防・日常生活支援総合事業のガイドライン」より

	（例）	直接実施	委託	指定事業者によるサービス提供	補助
介護予防・生活支援サービス事業	① 現行の介護予防訪問介護等に相当するサービス	—※	—※	○	—
	② 緩和した基準による生活支援、ミニデイサービス（訪問型・通所型サービス A）	△	○	○	△
	③ ボランティアなどによる生活支援、通いの場（訪問型・通所型サービス B）	△	△	—	○
	④ 保健師やリハビリテーション専門職等が行う短期集中予防サービス（従来の 2 次予防事業に相当）（訪問型・通所型サービス C）	○	○	—	—
一般介護予防事業	介護予防に資する住民主体の通いの場づくり				○

※　市町村が実施する場合も、原則第 1 号事業支給費の支給により実施する。
　（注）△は、一般的なケースとしては考えていないが、このような形式をとることも可能。

図表 34 ● 生活支援のモデル拠点の提案

出典：「市民参加による生活支援サービスの推進にむけた協議体形成支援セミナー（平成 26 年度厚生労働省老人保健健康増進等事業・実施主体：認定 NPO 法人市民福祉団体全国協議会）」講義Ⅲ．コーディネーターの視点で行うアセスメントと支援。2014 年 11 月 21 日開催

要介護者等への生活支援の基盤となる一つのモデルとして
日常生活圏域ごとの生活支援拠点整備を考える

・通所型（通所 A ＋ B ＋サロン・カフェ等）
・訪問型（訪問 B）
・栄養改善を目的とした配食（厨房が必要）
・自由活動スペース（介護予防の自主活動等）
・外出支援（訪問 D 送迎も）
＋協議体（第 2 層）の幹事（2 層コーディネーター）機能
＋第 3 層コーディネーター機能を持たれるとよい

資　料　編

食安発 1022 第 10 号
平成 25 年 10 月 22 日

各 ⎰ 都 道 府 県 知 事
　⎱ 保 健 所 設 置 市 長 ⎰ 殿
　　特 別 区 長 ⎱

厚生労働省医薬食品局食品安全部長
（ 公 印 省 略 ）

　　　　　　　　「大量調理施設衛生管理マニュアル」の改正について

　「大量調理施設衛生管理マニュアル」については、「大規模食中毒対策等について」
（平成 9 年 3 月 24 日付け衛食第 85 号(最終改正：平成 25 年 3 月 29 日付け食安発 0329
第 1 号)）別添で示しているところです。

　昨シーズン（平成 24 年 4 月～平成 25 年 3 月）は、ノロウイルスによる食中毒が多
数発生し、1 事案で患者数が 2 千人を超える食中毒が発生するなど、患者数、事件数
とも、過去 10 年間で 2 番目に多くなっており、食中毒予防の観点から重要な問題と
なっています。

　本年 3 月 18 日に開催された薬事・食品衛生審議会食品衛生分科会食中毒部会にお
いて、ノロウイルス食中毒対策として、コーデックスの食品中のウイルスの制御のた
めの食品衛生一般原則の適用に関するガイドライン CAC/GL 79-2012 等に基づき、指
針等の改正について審議され、その結果、本マニュアルの一部を別添のとおり改正す
ることとしたので、対応方よろしくお願いします。

　なお、引き続き、大量調理施設、中小規模調理施設等においても、本マニュアルの
趣旨を踏まえた衛生管理の徹底を図るようお願いします。

（　別　添　）

大量調理施設衛生管理マニュアル

（ 平 成 9 年 3 月 24 日 付 け 衛 食 第 85 号 別 添 ）

（最終改正：平成 25 年 10 月 22 日付け食安発 1022 第 10 号）

Ⅰ　趣　　旨

　本マニュアルは、集団給食施設等における食中毒を予防するために、ＨＡＣＣＰの概念に基づき、調理過程における重要管理事項として、

　①　原材料受入れ及び下処理段階における管理を徹底すること。

　②　加熱調理食品については、中心部まで十分加熱し、食中毒菌等（ウイルスを含む。以下同じ。）を死滅させること。

　③　加熱調理後の食品及び非加熱調理食品の二次汚染防止を徹底すること。

　④　食中毒菌が付着した場合に菌の増殖を防ぐため、原材料及び調理後の食品の温度管理を徹底すること。

等を示したものである。

　集団給食施設等においては、衛生管理体制を確立し、これらの重要管理事項について、点検・記録を行うとともに、必要な改善措置を講じる必要がある。また、これを遵守するため、更なる衛生知識の普及啓発に努める必要がある。

　なお、本マニュアルは同一メニューを1回300食以上又は1日750食以上を提供する調理施設に適用する。

Ⅱ　重　要　管　理　事　項

1．原材料の受入れ・下処理段階における管理

（1）　原材料については、品名、仕入元の名称及び所在地、生産者（製造又は加工者を含む。）の名称及び所在地、ロットが確認可能な情報（年月日表示又はロット番号）並びに仕入れ年月日を記録し、1年間保管すること。

（2）　原材料について納入業者が定期的に実施する微生物及び理化学検査の結果を提出させること。その結果については、保健所に相談するなどして、原材料として不適と判断した場合には、納入業者の変更等適切な措置を講じること。検査結果については、1年間保管すること。

（3）　原材料の納入に際しては調理従事者等が必ず立ち合い、検収場で品質、鮮度、品温（納入業者が運搬の際、別添1に従い、適切な温度管理を行っていたかどうかを含む。）、異物の混入等につき、点検を行い、その結果を記録すること。

（４）　　原材料の納入に際しては、缶詰、乾物、調味料等常温保存可能なものを除き、食肉類、魚介類、野菜類等の生鮮食品については１回で使い切る量を調理当日に仕入れるようにすること。

（５）　　野菜及び果物を加熱せずに供する場合には、別添２に従い、流水（飲用適のもの。以下同じ。）で十分洗浄し、必要に応じて殺菌を行った後、流水で十分すすぎ洗いを行うこと。

２．加熱調理食品の加熱温度管理

　　　加熱調理食品は、別添２に従い、中心部温度計を用いるなどにより、中心部が７５℃で１分間以上（二枚貝等ノロウイルス汚染のおそれのある食品の場合は８５～９０℃で９０秒間以上）又はこれと同等以上まで加熱されていることを確認するとともに、温度と時間の記録を行うこと。

３．二次汚染の防止

（１）　　調理従事者等（食品の盛付け・配膳等、食品に接触する可能性のある者及び臨時職員を含む。以下同じ。）は、次に定める場合には、別添２に従い、必ず流水・石けんによる手洗いによりしっかりと２回（その他の時には丁寧に１回）手指の洗浄及び消毒を行うこと。なお、使い捨て手袋を使用する場合にも、原則として次に定める場合に交換を行うこと。

　　①　作業開始前及び用便後

　　②　汚染作業区域から非汚染作業区域に移動する場合

　　③　食品に直接触れる作業にあたる直前

　　④　生の食肉類、魚介類、卵殻等微生物の汚染源となるおそれのある食品等に触れた後、他の食品や器具等に触れる場合

　　⑤　配膳の前

（２）　　原材料は、隔壁等で他の場所から区分された専用の保管場に保管設備を設け、食肉類、魚介類、野菜類等、食材の分類ごとに区分して保管すること。

　　　この場合、専用の衛生的なふた付き容器に入れ替えるなどにより、原材料の包装の汚染を保管設備に持ち込まないようにするとともに、原材料の相互汚染を防ぐこと。

（３）　　下処理は汚染作業区域で確実に行い、非汚染作業区域を汚染しないようにすること。

（４）　　包丁、まな板などの器具、容器等は用途別及び食品別（下処理用にあっては、魚介類用、食肉類用、野菜類用の別、調理用にあっては、加熱調理済み食品用、生食野菜用、生食魚介類用の別）にそれぞれ専用のものを用意し、混同しないようにして使用すること。

（5）　　器具、容器等の使用後は、別添２に従い、全面を流水（飲用適のもの。以下同じ。）で洗浄し、さらに８０℃、５分間以上又はこれと同等の効果を有する方法で十分殺菌した後、乾燥させ、清潔な保管庫を用いるなどして衛生的に保管すること。

　　　　　なお、調理場内における器具、容器等の使用後の洗浄・殺菌は、原則として全ての食品が調理場から搬出された後に行うこと。

　　　　　また、器具、容器等の使用中も必要に応じ、同様の方法で熱湯殺菌を行うなど、衛生的に使用すること。この場合、洗浄水等が飛散しないように行うこと。なお、原材料用に使用した器具、容器等をそのまま調理後の食品用に使用するようなことは、けっして行わないこと。

（6）　　まな板、ざる、木製の器具は汚染が残存する可能性が高いので、特に十分な殺菌に留意すること。なお、木製の器具は極力使用を控えることが望ましい。

（7）　　フードカッター、野菜切り機等の調理機械は、最低１日１回以上、分解して洗浄・殺菌した後、乾燥させること。

（8）　　シンクは原則として用途別に相互汚染しないように設置すること。　特に、加熱調理用食材、非加熱調理用食材、器具の洗浄等に用いるシンクを必ず別に設置すること。また、二次汚染を防止するため、洗浄・殺菌し、清潔に保つこと。

（9）　　食品並びに移動性の器具及び容器の取り扱いは、床面からの跳ね水等による汚染を防止するため、床面から６０ｃｍ以上の場所で行うこと。ただし、跳ね水等からの直接汚染が防止できる食缶等で食品を取り扱う場合には、３０ｃｍ以上の台にのせて行うこと。

（10）　　加熱調理後の食品の冷却、非加熱調理食品の下処理後における調理場等での一時保管等は、他からの二次汚染を防止するため、清潔な場所で行うこと。

（11）　　調理終了後の食品は衛生的な容器にふたをして保存し、他からの二次汚染を防止すること。

（12）　　使用水は飲用適の水を用いること。また、使用水は、色、濁り、におい、異物のほか、貯水槽を設置している場合や井戸水等を殺菌・ろ過して使用する場合には、遊離残留塩素が０．１mg/ℓ以上であることを始業前及び調理作業終了後に毎日検査し、記録すること。

4．原材料及び調理済み食品の温度管理

（1）　　原材料は、別添１に従い、戸棚、冷凍又は冷蔵設備に適切な温度で保存すること。また、原材料搬入時の時刻、室温及び冷凍又は冷蔵設備内温度を記録すること。

（2）　　冷凍又は冷蔵設備から出した原材料は、速やかに下処理、調理を行うこと。非加熱で供される食品については、下処理後速やかに調理に移行すること。

（3）　　調理後直ちに提供される食品以外の食品は、食中毒菌の増殖を抑制するために、１０℃以下又は６５℃以上で管理することが必要である。（別添３参照）

①　加熱調理後、食品を冷却する場合には、<u>食中毒菌</u>の発育至適温度帯（約２０℃～５０℃）の時間を可能な限り短くするため、冷却機を用いたり、清潔な場所で衛生的な容器に小分けするなどして、３０分以内に中心温度を２０℃付近（又は６０分以内に中心温度を１０℃付近）まで下げるよう工夫すること。

この場合、冷却開始時刻、冷却終了時刻を記録すること。

②　調理が終了した食品は速やかに提供できるよう工夫すること。

調理終了後３０分以内に提供できるものについては、調理終了時刻を記録すること。また、調理終了後提供まで３０分以上を要する場合は次のア及びイによること。

ア　温かい状態で提供される食品については、調理終了後速やかに保温食缶等に移し保存すること。この場合、食缶等へ移し替えた時刻を記録すること。

イ　その他の食品については、調理終了後提供まで１０℃以下で保存すること。

この場合、保冷設備への搬入時刻、保冷設備内温度及び保冷設備からの搬出時刻を記録すること。

③　配送過程においては保冷又は保温設備のある運搬車を用いるなど、１０℃以下又は６５℃以上の適切な温度管理を行い配送し、配送時刻の記録を行うこと。

また、６５℃以上で提供される食品以外の食品については、保冷設備への搬入時刻及び保冷設備内温度の記録を行うこと。

④　共同調理施設等で調理された食品を受け入れ、提供する施設においても、温かい状態で提供される食品以外の食品であって、提供まで３０分以上を要する場合は提供まで１０℃以下で保存すること。

この場合、保冷設備への搬入時刻、保冷設備内温度及び保冷設備からの搬出時刻を記録すること。

（4）　調理後の食品は、調理終了後から２時間以内に喫食することが望ましい。

5．その他
（1）　施設設備の構造

①　隔壁等により、汚水溜、動物飼育場、廃棄物集積場等不潔な場所から完全に区別されていること。

②　施設の出入口及び窓は極力閉めておくとともに、外部に開放される部分には網戸、エアカーテン、自動ドア等を設置し、ねずみや<u>昆虫</u>の侵入を防止すること。

③　食品の各調理過程ごとに、汚染作業区域（検収場、原材料の保管場、下処理場）、非汚染作業区域（さらに準清潔作業区域（調理場）と清潔作業区域（放冷・調製場、製品の保管場）に区分される。）を明確に区別すること。なお、各区域を固定し、それぞれを壁で区画する、床面を色別する、境界にテープをはる等により明確に区画することが望ましい。

④　手洗い設備、履き物の消毒設備（履き物の交換が困難な場合に限る。）は、各作業区域の入り口手前に設置すること。
　　なお、手洗い設備は、感知式の設備等で、コック、ハンドル等を直接手で操作しない構造のものが望ましい。

⑤　器具、容器等は、作業動線を考慮し、予め適切な場所に適切な数を配置しておくこと。

⑥　床面に水を使用する部分にあっては、適当な勾配（１００分の２程度）及び排水溝（１００分の２から４程度の勾配を有するもの）を設けるなど排水が容易に行える構造であること。

⑦　シンク等の排水口は排水が飛散しない構造であること。

⑧　全ての移動性の器具、容器等を衛生的に保管するため、外部から汚染されない構造の保管設備を設けること。

⑨　便所等
　ア　便所、休憩室及び更衣室は、隔壁により食品を取り扱う場所と必ず区分されていること。なお、調理場等から３ｍ以上離れた場所に設けられていることが望ましい。
　イ　便所には、専用の手洗い設備、専用の履き物が備えられていること。また、便所は、調理従事者等専用のものが設けられていることが望ましい。

⑩　その他
　施設は、ドライシステム化を積極的に図ることが望ましい。

（２）　施設設備の管理

①　施設・設備は必要に応じて補修を行い、施設の床面（排水溝を含む。）、内壁のうち床面から１ｍまでの部分及び手指の触れる場所は１日に１回以上、施設の天井及び内壁のうち床面から１ｍ以上の部分は１月に１回以上清掃し、必要に応じて、洗浄・消毒を行うこと。施設の清掃は全ての食品が調理場内から完全に搬出された後に行うこと。

②　施設におけるねずみ、昆虫等の発生状況を１月に１回以上巡回点検するとともに、ねずみ、昆虫の駆除を半年に１回以上（発生を確認した時にはその都度）実施し、その実施記録を１年間保管すること。また、施設及びその周囲は、維持管理を適切に行うことにより、常に良好な状態に保ち、ねずみや昆虫の繁殖場所の排除に努めること。
　なお、殺そ剤又は殺虫剤を使用する場合には、食品を汚染しないようその取扱いに十分注意すること。

③　施設は、衛生的な管理に努め、みだりに部外者を立ち入らせたり、調理作業に不必要な物品等を置いたりしないこと。

④　原材料を配送用包装のまま非汚染作業区域に持ち込まないこと。

⑤　施設は十分な換気を行い、高温多湿を避けること。調理場は湿度８０％以下、温度は２５℃以下に保つことが望ましい。

⑥　手洗い設備には、手洗いに適当な石けん、爪ブラシ、ペーパータオル、殺菌液等を定期的に補充し、常に使用できる状態にしておくこと。

⑦　水道事業により供給される水以外の井戸水等の水を使用する場合には、公的検査機関、厚生労働大臣の登録検査機関等に依頼して、年２回以上水質検査を行うこと。検査の結果、飲用不適とされた場合は、直ちに保健所長の指示を受け、適切な措置を講じること。なお、検査結果は１年間保管すること。

⑧　貯水槽は清潔を保持するため、専門の業者に委託して、年１回以上清掃すること。

なお、清掃した証明書は１年間保管すること。

⑨　便所については、業務開始前、業務中及び業務終了後等定期的に清掃及び殺菌剤による消毒を行って衛生的に保つこと注。

⑩　施設（客席等の飲食施設、ロビー等の共用施設を含む。）において利用者等が嘔吐した場合には、殺菌剤を用いて迅速かつ適切に嘔吐物の処理を行うこと注により、利用者及び調理従事者等へのノロウイルス感染及び施設の汚染防止に努めること。

注：ノロウイルスに関するＱ＆Ａ（厚生労働省）を参照のこと。

（３）　検食の保存

検食は、原材料及び調理済み食品を食品ごとに５０ｇ程度ずつ清潔な容器（ビニール袋等）に入れ、密封し、－２０℃以下で２週間以上保存すること。

なお、原材料は、特に、洗浄・殺菌等を行わず、購入した状態で、調理済み食品は配膳後の状態で保存すること。

（４）　調理従事者等の衛生管理

①　調理従事者等は、便所及び風呂等における衛生的な生活環境を確保すること。また、ノロウイルスの流行期には十分に加熱された食品を摂取する等により感染防止に努め、徹底した手洗いの励行を行うなど自らが施設や食品の汚染の原因とならないように措置するとともに、体調に留意し、健康な状態を保つように努めること。

②　調理従事者等は臨時職員も含め、定期的な健康診断及び月に１回以上の検便を受けること。検便検査には、腸管出血性大腸菌の検査を含めること。　また、必要に応じ１０月から３月にはノロウイルスの検査を含めること。

③　調理従事者等は下痢、嘔吐、発熱などの症状があった時、手指等に化膿創があった時は調理作業に従事しないこと。

④　下痢又は嘔吐等の症状がある調理従事者等については、直ちに医療機関を受診し、感染性疾患の有無を確認すること。ノロウイルスを原因とする感染性疾患による症状と診断された調理従事者等は、リアルタイムＰＣＲ法等の高感度の検便

検査においてノロウイルスを保有していないことが確認されるまでの間、食品に直接触れる調理作業を控えるなど適切な処置をとることが望ましいこと。

⑤　調理従事者等が着用する帽子、外衣は毎日専用で清潔なものに交換すること。

⑥　下処理場から調理場への移動の際には、外衣、履き物の交換等を行うこと。（履き物の交換が困難な場合には履き物の消毒を必ず行うこと。）

⑦　便所には、調理作業時に着用する外衣、帽子、履き物のまま入らないこと。

⑧　調理、点検に従事しない者が、やむを得ず、調理施設に立ち入る場合には、専用の清潔な帽子、外衣及び履き物を着用させ、手洗い及び手指の消毒を行わせること。

⑨　食中毒が発生した時の原因究明を確実に行うため、原則として、調理従事者等は当該施設で調理された食品を喫食しないこと。

　　　ただし、原因究明に支障を来さないための措置が講じられている場合はこの限りでない。（毎日の健康調査及び検便検査等）

（5）　その他

①　加熱調理食品にトッピングする非加熱調理食品は、直接喫食する非加熱調理食品と同様の衛生管理を行い、トッピングする時期は提供までの時間が極力短くなるようにすること。

②　廃棄物（調理施設内で生じた廃棄物及び返却された残渣をいう。）の管理は、次のように行うこと。

　ア　廃棄物容器は、汚臭、汚液がもれないように管理するとともに、作業終了後は速やかに清掃し、衛生上支障のないように保持すること。

　イ　返却された残渣は非汚染作業区域に持ち込まないこと。

　ウ　廃棄物は、適宜集積場に搬出し、作業場に放置しないこと。

　エ　廃棄物集積場は、廃棄物の搬出後清掃するなど、周囲の環境に悪影響を及ぼさないよう管理すること。

Ⅲ　衛　生　管　理　体　制

1．衛生管理体制の確立

（1）　調理施設の経営者又は学校長等施設の運営管理責任者（以下「責任者」という。）は、施設の衛生管理に関する責任者（以下「衛生管理者」という。）を指名すること。

　　　なお、共同調理施設等で調理された食品を受け入れ、提供する施設においても、衛生管理者を指名すること。

（2）　責任者は、日頃から食材の納入業者についての情報の収集に努め、品質管理の確かな業者から食材を購入すること。また、継続的に購入する場合は、配送中の保存

温度の徹底を指示するほか、納入業者が定期的に行う原材料の<u>微生物検査等の結果</u>
<u>の提出</u>を求めること。

（3）　責任者は、衛生管理者に別紙点検表に基づく点検作業を行わせるとともに、その
つど点検結果を報告させ、適切に点検が行われたことを確認すること。点検結果に
ついては、１年間保管すること。

（4）　責任者は、点検の結果、衛生管理者から改善不能な異常の発生の報告を受けた場
合、食材の返品、メニューの一部削除、調理済み食品の回収等必要な措置を講ずる
こと。

（5）　責任者は、点検の結果、改善に時間を要する事態が生じた場合、必要な応急処置
を講じるとともに、計画的に改善を行うこと。

（6）　責任者は、衛生管理者及び調理従事者等に対して衛生管理及び食中毒防止に関す
る研修に参加させるなど必要な知識・技術の周知徹底を図ること。

（7）　責任者は、調理従事者等を含め職員の健康管理及び健康状態の把握を組織的・継
続的に行い、調理従事者等の感染及び調理従事者等からの施設汚染の防止に努める
こと。

（8）　責任者は、調理従事者等に定期的な健康診断及び月に１回以上の検便を受けさせ
ること。検便検査には、腸管出血性大腸菌の検査を含めること。　また、必要に応じ
１０月から３月にはノロウイルスの検査を含めることが望ましいこと。

（9）　責任者は、調理従事者等が<u>下痢、嘔吐</u>、発熱などの症状があった時、手指等に化
膿創があった時は調理作業に従事させないこと。

（10）　責任者は、下痢又は嘔吐等の症状がある調理従事者等について、直ちに医療機関
を受診させ、感染性疾患の有無を確認すること。ノロウイルスを原因とする感染性
疾患による症状と診断された調理従事者等は、リアルタイムＰＣＲ法等の高感度の
検便検査においてノロウイルスを保有していないことが確認されるまでの間、食品
に直接触れる調理作業を控えさせるなど適切な処置をとることが望ましいこと。

（11）　責任者は、調理従事者等について、ノロウイルスにより発症した調理従事者等と
一緒に感染の原因と考えられる食事を喫食するなど、同一の感染機会があった可能
性がある調理従事者等について速やかにリアルタイムＰＣＲ法等の高感度の検便検
査を実施し、検査の結果ノロウイルスを保有していないことが確認されるまでの間、
調理に直接従事することを控えさせる等の手段を講じることが望ましいこと。

（12）　献立の作成に当たっては、施設の人員等の能力に余裕を持った献立作成を行うこ
と。

（13）　献立ごとの調理工程表の作成に当たっては、次の事項に留意すること。
　ア　調理従事者等の汚染作業区域から非汚染作業区域への移動を極力行わないように
すること。
　イ　調理従事者等の一日ごとの作業の分業化を図ることが望ましいこと。
　ウ　調理終了後速やかに喫食されるよう工夫すること。

　　　また、衛生管理者は調理工程表に基づき、調理従事者等と作業分担等について事前に十分な打合せを行うこと。

（14）　施設に所属する医師、薬剤師等専門的な知識を有する者の定期的な指導、助言を受けること。

（15）　高齢者や乳幼児が利用する施設等においては、平常時から施設長を責任者とする危機管理体制を整備し、感染拡大防止のための組織対応を文書化するとともに、具体的な対応訓練を行っておくことが望ましいこと。また、従業員あるいは利用者において下痢・嘔吐症の発生を迅速に把握するために、定常的に有症状者数を調査・監視することが望ましいこと。

（別添１）原材料、製品等の保存温度

食　品　名	保存温度
穀類加工品（小麦粉、デンプン） 砂　　　　　　　　　　　糖	室　温 室　温
食　肉　・　鯨　肉 細切した食肉・鯨肉を凍結したものを容器包装に入れたもの 食　　肉　　製　　品 鯨　　肉　　製　　品 冷　凍　食　肉　製　品 冷　凍　鯨　肉　製　品	10℃以下 －15℃以下 10℃以下 10℃以下 －15℃以下 －15℃以下
ゆ　　　で　　　だ　　　こ 冷　凍　ゆ　で　だ　こ 生　食　用　か　き 生　食　用　冷　凍　か　き 冷　　凍　　食　　品	10℃以下 －15℃以下 10℃以下 －15℃以下 －15℃以下
魚肉ソーセージ、魚肉ハム及び特殊包装かまぼこ 冷凍魚肉ねり製品	10℃以下 －15℃以下
液　　状　　油　　脂 固　　形　　油　　脂 （ラード、マーガリン、ショートニング、カカオ脂）	室　温 10℃以下
殻　　　　付　　　　卵 液　　　　　　　　卵 凍　　　　結　　　　卵 乾　　　燥　　　卵	10℃以下 8℃以下 －18℃以下 室　温
ナ　　　ッ　　　ツ　　　類 チ　ョ　コ　レ　ー　ト	15℃以下 15℃以下
生　鮮　果　実　・　野　菜 生　鮮　魚　介　類（生食用鮮魚介類を含む。）	10℃前後 5℃以下
乳　・　濃　縮　乳 脱　　　脂　　　乳 ク　　リ　　ー　　ム	10℃以下
バ　　　　タ　　　　ー チ　　　ー　　　ズ 練　　　　　　　　乳	15℃以下
清　涼　飲　料　水 （食品衛生法の食品、添加物等の規格基準に規定のあるものについては、当該保存基準に従うこと。）	室　温

（別添2）標　準　作　業　書

（手洗いマニュアル）

1．　水で手をぬらし石けんをつける。
2．　指、腕を洗う。特に、指の間、指先をよく洗う。（30秒程度）
3．　石けんをよく洗い流す。（20秒程度）
4．　使い捨てペーパータオル等でふく。（タオル等の共用はしないこと。）
5．　消毒用のアルコールをかけて手指によくすりこむ。
（本文のⅡ3（1）で定める場合には、1から3までの手順を2回実施する。）

（器具等の洗浄・殺菌マニュアル）

1．調理機械

① 機械本体・部品を分解する。なお、分解した部品は床にじか置きしないようにする。
② 飲用適の水（40℃程度の微温水が望ましい。）で3回水洗いする。
③ スポンジタワシに中性洗剤又は弱アルカリ性洗剤をつけてよく洗浄する。
④ 飲用適の水（40℃程度の微温水が望ましい。）でよく洗剤を洗い流す。
⑤ 部品は80℃で5分間以上又はこれと同等の効果を有する方法で殺菌を行う。
⑥ よく乾燥させる。
⑦ 機械本体・部品を組み立てる。
⑧ 作業開始前に70%アルコール噴霧又はこれと同等の効果を有する方法で殺菌を行う。

2．調理台

① 調理台周辺の片づけを行う。
② 飲用適の水（40℃程度の微温水が望ましい。）で3回水洗いする。
③ スポンジタワシに中性洗剤又は弱アルカリ性洗剤をつけてよく洗浄する。
④ 飲用適の水（40℃程度の微温水が望ましい。）でよく洗剤を洗い流す。
⑤ よく乾燥させる。
⑥ 70%アルコール噴霧又はこれと同等の効果を有する方法で殺菌を行う。
⑦ 作業開始前に⑥と同様の方法で殺菌を行う。

3．まな板、包丁、へら等

① 飲用適の水（40℃程度の微温水が望ましい。）で3回水洗いする。
② スポンジタワシに中性洗剤又は弱アルカリ性洗剤をつけてよく洗浄する。

③　飲用適の水（４０℃程度の微温水が望ましい。）でよく洗剤を洗い流す。
④　８０℃で５分間以上又はこれと同等の効果を有する方法で殺菌を行う。
⑤　よく乾燥させる。
⑥　清潔な保管庫にて保管する。

4．ふきん、タオル等

①　飲用適の水（４０℃程度の微温水が望ましい。）で３回水洗いする。
②　中性洗剤又は弱アルカリ性洗剤をつけてよく洗浄する。
③　飲用適の水（４０℃程度の微温水が望ましい。）でよく洗剤を洗い流す。
④　１００℃で５分間以上煮沸殺菌を行う。
⑤　清潔な場所で乾燥、保管する。

（原材料等の保管管理マニュアル）

1．野菜・果物

①　　衛生害虫、異物混入、腐敗・異臭等がないか点検する。異常品は返品又は使用
　　禁止とする。
②　各材料ごとに、５０ｇ程度ずつ清潔な容器（ビニール袋等）に密封して入れ、
　　－２０℃以下で２週間以上保存する。（検食用）
③　専用の清潔な容器に入れ替えるなどして、１０℃前後で保存する。（冷凍野菜は
　　－１５℃以下）
④　流水で３回以上水洗いする。
⑤　中性洗剤で洗う。
⑥　流水で十分すすぎ洗いする。
⑦　必要に応じて、次亜塩素酸ナトリウム等注２で殺菌した後、流水で十分すすぎ洗
　　いする。
⑧　水切りする。
⑨　専用のまな板、包丁でカットする。
⑩　清潔な容器に入れる。
⑪　清潔なシートで覆い（容器がふた付きの場合を除く）、調理まで３０分以上を要
　　する場合には、１０℃以下で冷蔵保存する。

注１：表面の汚れが除去され、分割・細切されずに皮付きで提供されるみかん等の果物に
　　あっては、③から⑧までを省略して差し支えない。
注２：次亜塩素酸ナトリウム溶液（２００mg/ℓで５分間又は１００mg/ℓで１０分間）又は
　　これと同等の効果を有する亜塩素酸水（きのこ類を除く。）、亜塩素酸ナトリウム溶液
　　（生食用野菜に限る。）、次亜塩素酸水並びに食品添加物として使用できる有機酸溶液

2．魚介類、食肉類

　① 　衛生害虫、異物混入、腐敗・異臭等がないか点検する。異常品は返品又は使用禁
　　止とする。
　② 　各材料ごとに、５０ｇ程度ずつ清潔な容器（ビニール袋等）に密封して入れ、
　　－２０℃以下で２週間以上保存する。（検食用）
　③ 　専用の清潔な容器に入れ替えるなどして、食肉類については１０℃以下、魚介類
　　については５℃以下で保存する（冷凍で保存するものは－１５℃以下）。
　④ 　専用のまな板、包丁でカットする。
　⑤ 　速やかに調理へ移行させる。

（加熱調理食品の中心温度及び加熱時間の記録マニュアル）

1．揚げ物
　① 　油温が設定した温度以上になったことを確認する。
　② 　調理を開始した時間を記録する。
　③ 　調理の途中で適当な時間を見はからって食品の中心温度を校正された温度計で３
　　点以上測定し、全ての点において７５℃以上に達していた場合には、それぞれの中
　　心温度を記録するとともに、その時点からさらに１分以上加熱を続ける（二枚貝等
　　ノロウイルス汚染のおそれのある食品の場合は８５～９０℃で９０秒間以上）。
　④ 　最終的な加熱処理時間を記録する。
　⑤ 　なお、複数回同一の作業を繰り返す場合には、油温が設定した温度以上であるこ
　　とを確認・記録し、①～④で設定した条件に基づき、加熱処理を行う。油温が設定
　　した温度以上に達していない場合には、油温を上昇させるため必要な措置を講ずる。

2．焼き物及び蒸し物
　① 　調理を開始した時間を記録する。
　② 　調理の途中で適当な時間を見はからって食品の中心温度を校正された温度計で３
　　点以上測定し、全ての点において７５℃以上に達していた場合には、それぞれの中
　　心温度を記録するとともに、その時点からさらに１分以上加熱を続ける（二枚貝等
　　ノロウイルス汚染のおそれのある食品の場合は８５～９０℃で９０秒間以上）。
　③ 　最終的な加熱処理時間を記録する。
　④ 　なお、複数回同一の作業を繰り返す場合には、①～③で設定した条件に基づき、
　　加熱処理を行う。この場合、中心温度の測定は、最も熱が通りにくいと考えられる
　　場所の一点のみでもよい。

3．煮物及び炒め物
　　調理の順序は食肉類の加熱を優先すること。食肉類、魚介類、野菜類の冷凍品を使用
　する場合には、十分解凍してから調理を行うこと。

①　調理の途中で適当な時間を見はからって、最も熱が通りにくい具材を選び、食品の中心温度を校正された温度計で３点以上（煮物の場合は１点以上）測定し、全ての点において７５℃以上に達していた場合には、それぞれの中心温度を記録するとともに、その時点からさらに１分以上加熱を続ける（二枚貝等ノロウイルス汚染のおそれのある食品の場合は８５～９０℃で９０秒間以上）。

　　なお、中心温度を測定できるような具材がない場合には、調理釜の中心付近の温度を３点以上（煮物の場合は１点以上）測定する。

②　複数回同一の作業を繰り返す場合にも、同様に点検・記録を行う。

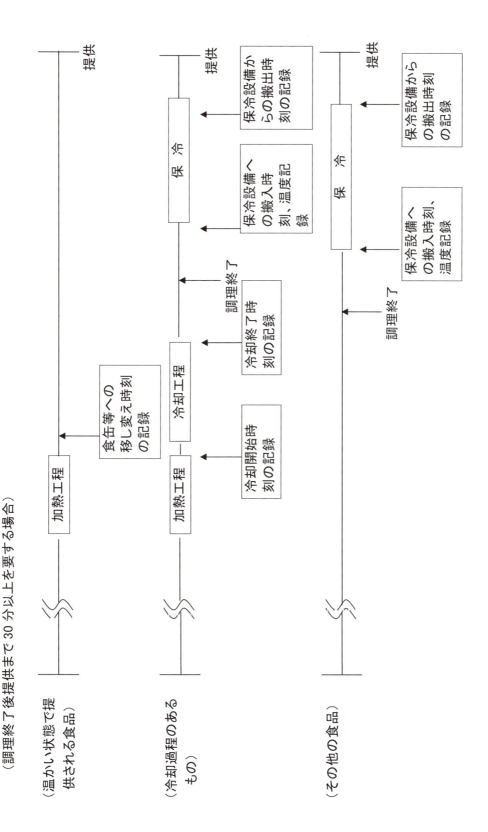

（別添3）

調理後の食品の温度管理に係る記録の取り方について
（調理終了後提供まで30分以上を要する場合）

（別紙）

調理施設の点検表

平成　　年　　月　　日

責任者	衛生管理者

1. 毎日点検

	点　検　項　目	点検結果
1	施設へのねずみや昆虫の侵入を防止するための設備に不備はありませんか。	
2	施設の清掃は、全ての食品が調理場内から完全に搬出された後、適切に実施されましたか。（床面、内壁のうち床面から1m以内の部分及び手指の触れる場所）	
3	施設に部外者が入ったり、調理作業に不必要な物品が置かれていたりしませんか。	
4	施設は十分な換気が行われ、高温多湿が避けられていますか。	
5	手洗い設備の石けん、爪ブラシ、ペーパータオル、殺菌液は適切ですか。	

2. 1カ月ごとの点検

	点検項目	点検結果
1	巡回点検の結果、ねずみや昆虫の発生はありませんか。	
2	ねずみや昆虫の駆除は半年以内に実施され、その記録が1年以上保存されていますか。	
3	汚染作業区域と非汚染作業区域が明確に区別されていますか。	
4	各作業区域の入り口手前に手洗い設備、履き物の消毒設備（履き物の交換が困難な場合に限る。）が設置されていますか。	
5	シンクは用途別に相互汚染しないように設置されていますか。加熱調理用食材、非加熱調理用食材、器具の洗浄等を行うシンクは別に設置されていますか。	
6	シンク等の排水口は排水が飛散しない構造になっていますか。	
7	全ての移動性の器具、容器等を衛生的に保管するための設備が設けられていますか。	
8	便所には、専用の手洗い設備、専用の履き物が備えられていますか。	
9	施設の清掃は、全ての食品が調理場内から完全に排出された後、適切に実施されましたか。（天井、内壁のうち床面から1m以上の部分）	

3. 3ヵ月ごとの点検

	点検項目	点検結果
1	施設は隔壁等により、不潔な場所から完全に区別されていますか。	
2	施設の床面は排水が容易に行える構造になっていますか。	
3	便所、休憩室及び更衣室は、隔壁により食品を取り扱う場所と区分されていますか。	

〈改善を行った点〉

〈計画的に改善すべき点〉

従事者等の衛生管理点検表

平成　　年　　月　　日

責任者	衛生管理者

氏　名	体調	化膿創	服装	帽子	毛髪	履物	爪	指輪等	手洗い

	点　検　項　目	点検結果
1	健康診断、検便検査の結果に異常はありませんか。	
2	下痢、発熱などの症状はありませんか。	
3	手指や顔面に化膿創がありませんか。	
4	着用する外衣、帽子は毎日専用で清潔のものに交換されていますか。	
5	毛髪が帽子から出ていませんか。	
6	作業場専用の履物を使っていますか。	
7	爪は短く切っていますか。	
8	指輪やマニキュアをしていませんか。	
9	手洗いを適切な時期に適切な方法で行っていますか。	
10	下処理から調理場への移動の際には外衣、履き物の交換（履き物の交換が困難な場合には、履物の消毒）が行われていますか。	
11	便所には、調理作業時に着用する外衣、帽子、履き物のまま入らないようにしていますか。	

12	調理、点検に従事しない者が、やむを得ず、調理施設に立ち入る場合には、専用の清潔な帽子、外衣及び履き物を着用させ、手洗い及び手指の消毒を行わせましたか。	立ち入った者	点検結果

〈改善を行った点〉

〈計画的に改善すべき点〉

原材料の取扱い等点検表

平成　年　月　日

責任者	衛生管理者

① 原材料の取扱い（毎日点検）

	点 検 項 目	点検結果
1	原材料の納入に際しては調理従事者等が立ち会いましたか。	
	検収場で原材料の品質、鮮度、品温、異物の混入等について点検を行いましたか。	
2	原材料の納入に際し、生鮮食品については、1回で使い切る量を調理当日に仕入れましたか。	
3	原材料は分類ごとに区分して、原材料専用の保管場に保管設備を設け、適切な温度で保管されていますか。	
	原材料の搬入時の時刻及び温度の記録がされていますか。	
4	原材料の包装の汚染を保管設備に持ち込まないようにしていますか。	
	保管設備内での原材料の相互汚染が防がれていますか。	
5	原材料を配送用包装のまま非汚染作業区域に持ち込んでいませんか。	

② 原材料の取扱い（月1回点検）

点 検 項 目	点検結果
原材料について納入業者が定期的に実施する検査結果の提出が最近1か月以内にありましたか。	
検査結果は1年間保管されていますか。	

③ 検食の保存

点 検 項 目	点検結果
検食は、原材料（購入した状態のもの）及び調理済み食品を食品ごとに50g程度ずつ清潔な容器に密封して入れ、−20℃以下で2週間以上保存されていますか。	

〈改善を行った点〉

〈計画的に改善すべき点〉

検収の記録簿

平成　　年　　月　　日

責任者	衛生管理者

納品の 時　刻	納入業者名	品目名	生産地	期限 表示	数 量	鮮 度	包 装	品 温	異 物
：									
：									
：									
：									
：									
：									
：									
：									
：									
：									
：									

〈進言事項〉

調理器具等及び使用水の点検表

平成　　年　　月　　日

責任者	衛生管理者

① 調理器具、容器等の点検表

	点 検 項 目	点検結果
1	包丁、まな板等の調理器具は用途別及び食品別に用意し、混同しないように使用されていますか。	
2	調理器具、容器等は作業動線を考慮し、予め適切な場所に適切な数が配置されていますか。	
3	調理器具、容器等は使用後（必要に応じて使用中）に洗浄・殺菌し、乾燥されていますか。	
4	調理場内における器具、容器等の洗浄・殺菌は、全ての食品が調理場から搬出された後、行っていますか。（使用中等やむをえない場合は、洗浄水等が飛散しないように行うこと。）	
5	調理機械は、最低1日1回以上、分解して洗浄・消毒し、乾燥されていますか。	
6	全ての調理器具、容器等は衛生的に保管されていますか。	

② 使用水の点検表

採取場所	採取時期	色	濁り	臭い	異物	残留塩素濃度
						mg／ℓ
						mg／ℓ
						mg／ℓ
						mg／ℓ

③ 井戸水、貯水槽の点検表（月1回点検）

	点 検 項 目	点検結果
1	水道事業により供給される水以外の井戸水等の水を使用している場合には、半年以内に水質検査が実施されていますか。	
	検査結果は1年間保管されていますか。	
2	貯水槽は清潔を保持するため、1年以内に清掃が実施されていますか。	
	清掃した証明書は1年間保管されていますか。	

〈改善を行った点〉

〈計画的に改善すべき点〉

調理等における点検表

平成　　年　　月　　日

責任者	衛生管理者

① 下処理・調理中の取扱い

	点 検 項 目	点検結果
1	非汚染作業染区域内に汚染を持ち込まないよう、下処理を確実に実施していますか。	
2	冷凍又は冷凍設備から出した原材料は速やかに下処理、調理に移行させていますか。非加熱で供される食品は下処理後速やかに調理に移行していますか。	
3	野菜及び果物を加熱せずに供する場合には、適切な洗浄（必要に応じて殺菌）を実施していますか。	
4	加熱調理食品は中心部が十分（75℃で1分間以上（二枚貝等ノロウイルス汚染のおそれのある食品の場合は８５〜９０℃で９０秒間以上）等）加熱されていますか。	
5	食品及び移動性の調理器具並びに容器の取扱いは床面から60cm以上の場所で行われていますか。（ただし、跳ね水等からの直接汚染が防止できる食缶等で食品を取り扱う場合には、30cm以上の台にのせて行うこと。）	
6	加熱調理後の食品の冷却、非加熱調理食品の下処理後における調理場等での一時保管等は清潔な場所で行われていますか。	
7	加熱調理食品にトッピングする非加熱調理食品は、直接喫食する非加熱調理食品と同様の衛生管理を行い、トッピングする時期は提供までの時間が極力短くなるようにしていますか。	

② 調理後の取扱い

	点 検 項 目	点検結果
1	加熱調理後、食品を冷却する場合には、速やかに中心温度を下げる工夫がされていますか。	
2	調理後の食品は、他からの二次汚染を防止するため、衛生的な容器にふたをして保存していますか。	
3	調理後の食品が適切に温度管理（冷却過程の温度管理を含む。）を行い、必要な時刻及び温度が記録されていますか.	
4	配送過程があるものは保冷又は保温設備のある運搬車を用いるなどにより、適切な温度管理を行い、必要な時間及び温度等が記録されていますか。	
5	調理後の食品は2時間以内に喫食されていますか。	

③ 廃棄物の取扱い

	点 検 項 目	点検結果
1	廃棄物容器は、汚臭、汚液がもれないように管理するとともに、作業終了後は速やかに清掃し、衛生上支障のないように保持されていますか。	
2	返却された残渣は、非汚染作業区域に持ち込まれていませんか。	
3	廃棄物は、適宜集積場に搬出し、作業場に放置されていませんか。	
4	廃棄物集積場は、廃棄物の搬出後清掃するなど、周囲の環境に悪影響を及ばさないよう管理されていますか。	

〈改善を行った点〉
〈計画的に改善すべき点〉

食品保管時の記録簿

平成　　年　　月　　日

責任者	衛生管理者

① 原材料保管時

品目名	搬入時刻	搬入時設備内 （室内）温度	品目名	搬入時刻	搬入時設備内 （室内）温度

② 調理終了後30分以内に提供される食品

品目名	調理終了時刻	品目名	調理終了時刻

③ 調理終了後30分以上に提供される食品
ア 温かい状態で提供される食品

品目名	食缶等への移し替え時刻

イ 加熱後冷却する食品

品目名	冷却開始時刻	冷却終了時刻	保冷設備への搬入時刻	保冷設備内温度	保冷設備からの搬出時刻

ウ その他の食品

品目名	保冷設備への搬入時刻	保冷設備内温度	保冷設備からの搬出時刻

〈進言事項〉

食品の加熱加工の記録簿

平成　　年　月　日

責任者	衛生管理者

品目名	No.1			No.2（No.1 で設定した条件に基づき実施）	
（揚げ物）	①油温		℃	油温	℃
	②調理開始時刻		:	No.3（No.1 で設定した条件に基づき実施）	
	③確認時の中心温度	サンプル A	℃	油温	℃
		B	℃	No.4（No.1 で設定した条件に基づき実施）	
		C	℃	油温	℃
	④③確認後の加熱時間			No.5（No.1 で設定した条件に基づき実施）	
	⑤全加熱処理時間			油温	℃

品目名	No.1			No.2（No.1 で設定した条件に基づき実施）	
（焼き物、蒸し物）	①調理開始時刻		:	確認時の中心温度	℃
	②確認時の中心温度	サンプル A	℃	No.3（No.1 で設定した条件に基づき実施）	
		B	℃	確認時の中心温度	℃
		C	℃	No.4（No.1 で設定した条件に基づき実施）	
	③②確認後の加熱時間			確認時の中心温度	℃
	④全加熱処理時間				

品目名	No.1			No.2		
（煮物）	①確認時の中心温度	サンプル	℃	①確認時の中心温度	サンプル	℃
	②①確認後の加熱時間			②①確認後の加熱時間		
（炒め物）	①確認時の中心温度	サンプル A	℃	①確認時の中心温度	サンプル A	℃
		B	℃		B	℃
		C	℃		C	℃
	②①確認後の加熱時間			②①確認後の加熱時間		

〈改善を行った点〉

〈計画的に改善すべき点〉

配送先記録簿

平成　年　月　日

責任者	記録者

出発時刻		→	帰り時刻	

保冷設備への搬入時刻（　　　：　　　）

保冷設備内温度　　　（　　　　　　　）

配送先	配送先所在地	品目名	数量	配送時刻
				：
				：
				：
				：
				：
				：
				：
				：
				：
				：

〈進言事項〉

ご存知ですか? HACCP
ハサップ

～さぁ、みんなでHACCPに挑戦しましょう♪～

『HACCP』ってなぁに?

HACCPは、安全で衛生的な食品を製造するための管理方法のひとつで、問題のある製品の出荷を未然に防ぐことが可能なシステムなんですよ。

HACCPに取り組むと、何かいいことがあるのかなぁ?

導入するメリット

(一例)

▶ クレームやロス率が下がり、品質のばらつきが少なくなった
▶ 取引先からの評価が上がった
▶ 衛生管理のポイントを明確にして、記録も残すことで、従業員の経験やカンに頼らない、安定した安全な製品が作れるようになった
▶ 工程ごとに確認すべきことが明確になった
▶ 従業員のモチベーションが上がり現場の状況が把握しやすい

でも、どこから手を付けていいのかわからないなぁ。それに、書類つくりに時間がかかったり、お金もかかるんじゃないのかなぁ。

大丈夫!
順を追って進めれば心配ありません。
さぁ、HACCPにチャレンジです♪

厚生労働省

手順に沿ってHACCPに挑戦してみよう

手順1

まずは、みんなで話し合いましょう！
製品のすべての情報が集まるように各部門の担当者が参加しましょう。

HACCPチームの結成だぁ！

分からないところは、外部に相談したり、書籍を参考にすることも可能ですよ。

手順2

次は、自分たちが作っている商品がどんなものか、書き出してみましょう。

製 品 説 明 書	
記載事項	内　容
製品の名称及び種類	
原材料に関する事項	
添加物の名称とその使用基準	
容器包装	
製品の特性	
製品の規格	
保存方法	
消費期限又は賞味期限	
喫食又は利用の方法	
対象消費者	

- 製品の名称及び種類
- 原材料の名称、添加物の名称
- 製品の特性（Aw、pH等）
- 包装形態、単位、量
- 容器包装の材質
- 消費期限あるいは賞味期限、保存方法

手順3

この商品は、どうやって食べるもの？ 誰が食べる？

商品が誰にどのように食べられるのかを書き出しましょう。

（例）
- 加熱して食べるものか。そのまま食べるものか。
- 一般の消費者が食べるのか。病人、乳幼児、高齢者等が対象の商品なのか。
など

書き出してみるとよく分かるなぁ。

手順12 [原則7]

各工程の管理状況を記録しましょう。
HACCPを実施した証拠であると同時に、原因を追究するための手助けとなります。

今使っている作業日報を少しアレンジして記録をとることもできますよ。

今ある記録を見直して不足している項目を加えよう！

手順11 [原則6]

ここまでのプランが有効に機能しているのか見直しましょう。

1. 重要な工程の記録を確認
2. 温度計やタイマーの校正の確認
3. 問題が起きた際の改善措置
4. 製品検査との確認
5. 一連の流れに修正が必要か

定期的に、日頃の作業が適正に実施されているか、記録をみて確認してみるといいでしょう。

手順10 [原則5]

工程中に問題点が発生した場合、修正できるよう事前に改善方法を決めておきましょう。

1. 基準を達成しなかった製品を区分けする
2. 機械等の故障の原因を特定し、復旧させる
3. 温度計やタイマー等の校正をする
4. 基準を満たせなかったものは廃棄などを行う

改善した記録を見直すと、品質の安定化やクレームの減少に役立てられそうね。

HACCPは、この7原則12手順を繰り返し行い、少しずつ内容を改善し、向上させ継続的に取り組むこ

食品を衛生的に製造・加工するためには、①計画(Plan)を作成し、②計画に沿って製造・加工を実行(Do)し、③業務の実施が計画に沿っているかどうか確認(C させ継続的に改善していくこと(PDCAサイクル)が重要です。

手順4

商品の作り方を書いてみましょう。

原材料の受入から保管、製造・加工、包装、出荷までの一連の流れを書いてみましょう。

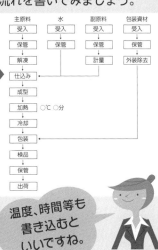

主原料
受入 → 保管 → 解凍 → 仕込み → 成型 → 加熱 ○℃ ○分 → 冷却 → 包装 → 検品 → 保管 → 出荷

水
受入 → 保管

副原料
受入 → 保管 → 計量

包装資材
受入 → 保管 → 外装除去

温度、時間等も書き込むといいですね。

手順5

手順4で作った製造工程図を現場でよく確認して、違っているところは直しましょう。

急速冷却なのに滞留してる!!

作業動線が変わってる!

生産速度上げたら、うまく成型できなくなった!!

生産量が増えて手作業の人員が増えている!

現場を確認すると実際と違っている部分がよくわかります。

手順6 [原則1]

製造工程ごとにどのような危害要因*が潜んでいるか考えてみましょう。

No.	工程
1	受入
2	保管
3	解凍
4	仕込
5	加熱
6	冷却

*「危害要因」というのは、健康に悪影響をもたらす原因になるものを言うんだなぁ。

原材料/工程	1欄で予測される危害要因	重大な危害要因か?	3欄の判断をした理由	3欄でYesとした危害要因の管理手段は?	重要管理点(CCP)か?
加熱	病原微生物の生存	Yes	加熱不足により生存の可能性がある	適切な殺菌温度と時間で管理する	

「危害要因」には、有害な微生物以外にも、化学物質や硬質異物があります。

手順9 [原則4]

手順8で決めた基準が常に達成されているかを確認しましょう。

例)
- オーブンや殺菌槽などの温度と時間
- 冷却装置の温度
- 金属探知機の精度

目視確認でもいいんだなぁ。

手順8 [原則3]

手順7で決めた工程を管理するための基準を決めましょう。

この基準を達成しないと安全が確保できなくなります。

	内　　容
工程	殺菌
危害要因	病原微生物の残存
発生要因	加熱温度と時間の不足により病原微生物が残存する
管理手段	適正な加熱温度・時間で管理する
管理基準(CL)	殺菌槽内 ○○℃以上、△△分以上に保つ
モニタリング方法	担当者は□□分ごとに装置の温度と時間を確認、記録する

基準は色や形状など必ずしも数値である必要はありません。

手順7 [原則2]

健康被害を防止する上で特に厳重に管理しなければならない工程を見つけましょう。

原材料/工程	1欄で予測される危害要因	重大な危害要因か?	3欄の判断をした理由	3欄でYesとした危害要因の管理手段は?	重要管理点(CCP)か?
加熱	病原微生物の生存	Yes	加熱不足により生存の可能性がある	適切な殺菌温度と時間で管理する	Yes

原材料や製造環境に由来し、健康被害を引き起こす可能性のある危害要因を予防、除去または低減するための工程はどこか。

例)
- 加熱殺菌工程
- 冷却工程
- 金属異物検出工程 等

うちの製品は、十分な温度と時間で殺菌する加熱工程が重要だな。

切です。

実施が計画に沿っていない部分を調べて処置する(Act)という4段階(PDCA)を行い、最後の「処置(Act)」を次のサイクルにつなげ、1周ごとに内容を向上

HACCP方式と従来方式との違い

　原材料の受入から最終製品までの各工程ごとに、微生物による汚染や異物の混入などの危害を予測した上で、危害の防止につながる特に重要な工程を連続的・継続的に監視し、記録することにより、製品の安全性を確保する衛生管理手法です。

　これまでの最終製品の抜き取り検査に比べて、より効果的に安全性に問題のある製品の出荷を防止できるとされています。

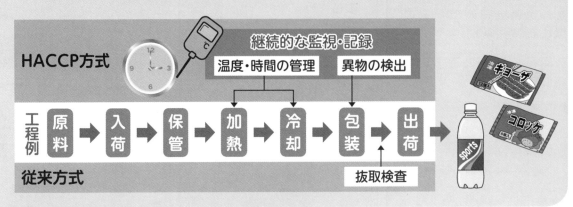

もっと詳しくHACCPを知りたくなった方は、こちら

- **厚生労働省ホームページ（HACCP）**
  厚生労働省におけるHACCP普及の取組みを紹介しています。
  http://www.mhlw.go.jp/stf/seisakunitsuite/bunya/kenkou_iryou/shokuhin/haccp/index.html

- **食品製造におけるHACCP入門のための手引書**
  （厚生労働省ホームページ）
  誰でも手引き書をダウンロードすることができます。
  http://www.mhlw.go.jp/stf/seisakunitsuite/bunya/kenkou_iryou/shokuhin/haccp/index.html

- **食品製造におけるHACCP導入の手引き**（動画：You Tube）
  誰でも閲覧できます。貸し出しもしています。
  https://www.youtube.com/watch?v=Wj10S5FC51g

HACCP導入のための施設の改修にかかる、長期低利融資を受けたい方はこちら

- **HACCP支援法（食品の製造過程の管理の高度化に関する臨時措置法）**
  （農林水産省ホームページ）
  http://www.maff.go.jp/j/shokusan/sanki/haccp/index.html

参 考 情 報

- **HACCPとは（公益社団法人日本食品衛生協会ホームページ）**
  http://www.n-shokuei.jp/food_safety_information_shokuei2/food_hygienic/haccp/index.html

- **HACCP関連情報データ（一般財団法人食品産業センターホームページ）**
  http://www.shokusan.or.jp/haccp/

資料 3

ミールズ・オン・ホイールズ（Meals on Wheels）

　英語圏では、高齢者向けの食事の宅配サービスをミールズ・オン・ホイールズ（Meals on Wheels　車輪に乗った食事　MOW）といい、イギリス、オーストラリアなどでは地域のボランティア活動として長い歴史があります。MOW は地域のサービスとして営利事業とは区別され、社交と社会貢献の場としてコミュニティに位置づいています。

　MOW の発祥はイギリスのロンドンで、第二次世界大戦による被災者のため英国婦人ボランティア協会が食事を配ったものが最初といわれています。

　世界各地に MOW の団体が存在していますが、なかでも多くのボランティアが調理・配達に参加している、オーストラリア・南オーストラリア州のミールズ・オン・ホイールズ南オーストラリア協会（MOWSA）の事例を紹介します。

■MOWSA の概略

　MOWSA は、幼い頃の事故で車椅子の生活を送っていたドリス・テーラー氏（1901-1968）によって 1953 年に設立されました。

　現在は南オーストラリア州内 88 か所の支部で、月～金曜日の昼の配食サービスを行っています。利用対象者は、食事作りが困難な高齢者、障害者、退院直後の人などで 1 日の配食数は 4,300 食です。支部の活動を担っているのが 8,500 人の無償のボランティアです。本部職員は 20 人で、ボランティア主体の支部の活動をバックアップしています。

全国老人給食協力会

＜食事の内容＞

・3コース（スープ、メイン、デザート）で、メインには肉か魚、付け合わせの野菜、ジャガイモかライスが添えられている。主菜は2種類から選べるようになっている。

・特別食（嚥下食、グルテンフリー、高エネルギー食、低エネルギー食）の選択も可能。

・食事は電熱ボックスで加熱したまま配達している。

・食事は1食あたり8.5オーストラリアドル（約800円）。

＜支部の形態＞

支部の形態は以下の二つのタイプがあります。

① 厨房型　ボランティアが調理、配達、事務すべての工程を担うタイプ。州都アデレードの大都市圏と地方都市にある。

② 加温型　MOWSAのクックチル工場で作られたチルド食を加温して配達するタイプ。アデレード大都市圏の周辺部で人口密度が高くない地域にある。

＜支部を支える本部の役割＞

　支部のボランティアが働きやすいようバックアップしているのが本部です。

① 高齢ボランティアが働きやすい環境づくり

　通路の広さ、照明の明るさ、バリアフリー構造などが標準化され、重いものを持ち上げたりすることなく誰もが活動しやすい環境になっている。

② 研修

　ボランティア研修や支部の役職者のトレーニングを行う。

③ 配送センター

　支部から発注された食材や消耗品を配送する。

④ クックチル工場

　加温型支部で配食する食事のほかグルテンフリー、嚥下食などの特別食を作る。災害や工事などで支部のキッチンが使えないときの緊急対応も行う。

⑤ 広報

＜事業体・地域クラブの二つの側面＞

　MOWSA は大規模な配食事業体として、食品安全規制や疾病対応などをクリアした高品質のサービス提供を行っています。一方でボランティアにとって支部活動は、福祉サービスの提供の場であると同時にコミュニティへの貢献や住民同士の社交の場でもあります。特に退職後や高齢になったボランティアにとって支部は、やりがいのある活動を共有し世間話を楽しむことができる居場所の一つとなっています。

　各支部は自主的に運営され、テニスクラブやロータリークラブなどと同様に、地域社会におけるクラブの一つであり続けているのは MOWSA の重要な側面であるといえます。支部主催のバーベキューはボランティアの家族や友人のほか、市長が招かれるなど地域のイベントにもなっています。

一般社団法人　全国老人給食協力会

〒158-0098　東京都世田谷区上用賀 6-19-21
TEL 03-5426-2547　FAX 03-5426-2548
info@mow.jp　http://www.mow.jp/

新地域支援構想会議 構成団体（50 音順）

公益財団法人　さわやか福祉財団
認定特定非営利活動法人　市民福祉団体全国協議会
住民参加型在宅福祉サービス団体全国連絡会
特定非営利活動法人　全国移動サービスネットワーク
社会福祉法人　全国社会福祉協議会
全国農業協同組合中央会
一般社団法人　全国老人給食協力会
公益財団法人　全国老人クラブ連合会
宅老所・グループホーム全国ネットワーク
特定非営利活動法人　地域ケア政策ネットワーク
一般財団法人　長寿社会開発センター
認定特定非営利活動法人　日本 NPO センター
日本生活協同組合連合会
一般社団法人　シルバーサービス振興会（オブザーバー）

シリーズ　住民主体の生活支援サービスマニュアル
第 5 巻
食事サービス

一般社団法人　全国老人給食協力会　編

発　行　　2016 年 4 月 27 日　初版 1 刷

定　価　　本体 1,200 円（税別）

発行者　　渋谷 篤男

発行所　　社会福祉法人　全国社会福祉協議会
　　　　　〒100-8980　東京都千代田区霞が関 3-3-2　新霞が関ビル
　　　　　TEL　03-3581-9511　　FAX　03-3581-4666
　　　　　振替　00130-5-38440

印刷所　　三報社印刷株式会社

ISBN978-4-7935-1178-3　C2036　￥1200E　　　　　禁複製

ISBN978-4-7935-1178-3
C2036 ¥1200E

定価 本体1,200円(税別)

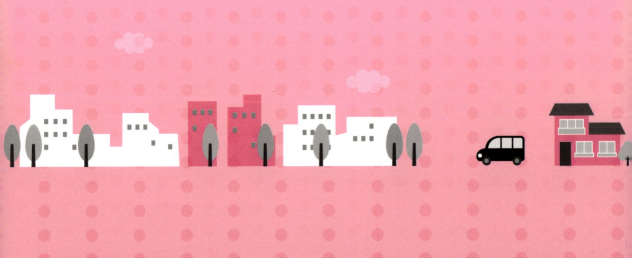